「起業」に成功する5つの秘策

宮田啓二 著

セルバ出版

まえがき

私は、レンタルオフィスを経営してきました。そこで、起業家の皆さん約１０００名と接しました。

レンタルオフィスの経営をしていく中で、起業前後のお客さんをたくさん見てきました。

会社経営も軌道に乗り、オフィスでひっきりなしに顧客対応をしている人もいます。数か月でオフィスを解約してしまう人もいます。

解約してしまう人の中には、順調で自分のオフィスを持つための人もいますが、それは一握りです。

ほとんどは、事業がうまく行かなくて悲しいかな畳んでしまう人達なのです。軌道に乗った起業家、失敗してしまった起業家に千名近く接すると、それぞれの共通点が見えてきます。

そこで、起業する人に役立つ情報提供として、本書を執筆させていただきました。

それをまとめたものが「５つの秘策」です。

1. 準備段階で失敗しない秘策・起業するまでの「起業前戦略」
2. 心構えで失敗しない秘策・起業本に書かれない「起業後の真実」
3. 独りよがりで失敗しない秘策・顧客満足の「サービスの創造」
4. 派手にやって失敗しない秘策・継続経営なら「地味な集客方法」
5. 無駄なお金で失敗しない秘策・「無料ネット術」を活用！

実は、本当に成功するための施策とは、失敗しないための施策なのです。

起業する方で多くみられるのは、「成功する秘策」ばかりとらわれていること。野球でたとえれば、毎回ホームランを狙っているようなものなのです。

野球で勝つためには、「守備を固める」「チャンスではバントで確実に送る」などの負けない野球をする必要があります。

それは起業でも同じことで、失敗しない起業を目指していくことが大切なのです。

サラリーマン生活から解放されて、好きなことをして生きて行こうと折角起業したわけですから、「失敗して逆戻り」とならないために、失敗しないための「成功する5つの秘策」を参考にしてください。

宮田　啓二

平成25年8月

「起業」に成功する5つの秘策　目次

第2章　心構えで失敗しない秘策・起業本に書かれない「起業後の真実」

第3章　独りよがりで失敗しない秘策・顧客満足の「サービスの創造」

第4章 派手にやって失敗しない秘策・継続経営なら「地味な集客方法」

第5章　無駄なお金で失敗しない秘策・「無料ネット術」を活用！

第1章

準備段階で失敗しない秘策・起業するまでの「起業前戦略」

1　起業とは自分にしかできない問題点の解決

問題点の解決で人は動くことを知る

人は何故、物を購入したりサービスを利用したりするのでしょうか。

例えば、テレビが壊れて新しいテレビを買ったとします。この流れは、テレビが壊れたという問題点が発生してテレビを買うという解決策を取ったのです。

サービスでも同じです。例えば、肩が凝るという問題点が発生して、マッサージを受けるという解決策を取るのです。このように、人が物を購入したりサービスを利用したりするのは、ほとんどが問題点の解決のためであることが多いのです。外でジュースを買って飲むという小さな行動でもそうです。喉が渇いたという問題点が発生して、ジュースを買うという解決策を取るのです。

逆に、テレビが壊れてもいないのに、安いからといって同じ機能のテレビを買うことはないでしょう。例えば、自分が持っているテレビとまったく同じ機能のテレビが1万円の安売りで売っていたとしても買わないと思います。それは問題点が発生していないからです。

しかし、今のテレビについていない新しい機能がついているテレビが、1万円で売っていたらどうでしょう。買う可能性は高くなると思います。それは、「欲しい機能がついてない」という問題点が1万円で解決できるからです。

【図表１】

問題点：肩が痛い
↓
解決法：マッサージを受ける

問題点：テレビが壊れた
↓
解決法：テレビを買う

人は問題点の解決として物を購入したりサービスを利用する
↓
起業とは自分にしかできない問題点の解決

このように人は気がつかないうちに、問題点の解決として物を購入したりサービスを利用したりするのです。

販売は問題点の解決の提示

ですから、起業をする際には、自分の販売する商品や、提供するサービスが、どんな問題点を抱えている人に、どのように解決してあげるのかを考えてあげないといけないのです。

実は、中々結果の出せない営業マンとは、自分の商品を売ることばかり考えており、お客さんの抱えている問題点の解決を提示できていないのです。商品やサービスを売ろうとするのではなく、問題点の解決を提案してあげればいいのです（図表1参照）。

お客さんとの会話の中から、お客さんの抱えている問題点を見つけ出し、自分の販売している商品やサービスで、どのようにすれば問題点を解決してあげることができるのかを提案してあげるのです。

「自分にしかできない」が重要

しかし、ここでもう一つ考えないといけないことは、「自分にしかできない問題点の解決方法」でないといけないのです。仮に、「誰にでもできる問題点の解決方法」の場合には、誰にでもできるので、同業他社が増えて、最終的には顧客の取り合いになり価格競争に向かうのです。

この「自分にしかできない」ことが差別化になり、同業他社に対して優位性を発揮できるのです。ですから、自分しか持っていない人生経験や、特殊な資格を持った上で起業をすると他社との差別化ができるのです。

「問題点の解決」がなければ顧客ニーズはないですし、「自分にしかできない」がなければ同業他社との差別化や優位性が保てないのです。

ですから、起業をする上で一番大切なことは、「自分にしかできない問題点の解決である起業」であるかが大切であり、ここの部分をよく考えた上で起業をしたほうがいいのです。

◎ポイント　自分にしかできない問題点の解決を考えること。

2　まずは頭の中を起業脳に変える

起業家の発想は違う

サラリーマンやＯＬの方が起業をするということは、今までは雇われていたわけですが、起業することによって経営者になるのです。

実は、雇われているときの考え方と、起業後の考え方はまったく違います。私もそうでした。サラリーマン時代の発想で起業してみたときに、痛い目を何度も見ました。ほとんどの人が、私のように起業してから気がつくのです。「起業の準備段階から経営者の発想だったらもっと楽だっただろう」と思うのです。

本書は、起業する前の方が読んでいると思いますので、どのようにすれば起業前に起業脳に変われるのかを述べていきます。

起業したら会社を潰さないこと

雇われている人の考え方と経営者の考え方の違いがわかりやすい面白いデータがありますので紹介します。これは、「上司の嫌いなところベスト10」という調査結果なのですが、１位は「言っていることがコロコロ変わる」こと。サラリーマンやＯＬの方は思い当たる節があると思います。「これをやれと言われたからやっていたのに、急に別のことをやれと言われた」とか、「方針がコロコロ変わるから仕事が終わらない」など方針転換はつらいものです。

しかし、経営者の考えは、違うのです。

経営者のやるべきことは会社を継続させ、お客さんにサービスを提供し続けることです。「同じ方針を取り続けたがために会社が潰れました」では話にならないのです。経営は社会情勢によって左右されてしまいますので、その場その場のベストエフォートで判断をしていかないといけません。

【図表２】

経営者の考え⇒方針が変わっても会社は潰さない
社員の考え⇒方針をコロコロ変えてほしくない
経営者と雇われている人は考えが違う

そうすると、昨日言っていた方針が今日になって急に変わってしまったりするのです。社長の方針が急に変われば、中間管理職に出される指示も変わります。そうなると、一般社員に出される指示が変わりますので「急にコロコロ変えないで欲しい」と上司に苛立つのです（図表２参照）。

しかし、上司からの指示が変わったとしても、「方針は変えません。しかし会社は潰れました。来月の給料ありません」よりかはマシだと思うのです。経営者というのは、会社を潰さないように一生懸命動いているのです。

しかし、そこに気がつかないで、「指示をコロコロ変えないでほしい」と考えるのは、雇われている人の考え方と経営者の考えの違いなのです。

起業したら結果がすべて

会社を潰す潰さないという話がありましたが、会社を潰したら、「会社を潰した」という結果が残り、「あの人は会社を潰した」という結果のみが判断されます。

仮に会社を潰さないために頑張っていたとしても、最終的に会社が潰れてしまえば、会社を潰さないように頑張っていたプロセスを評価してくれる人はありません。

つまり起業をすると、すべて結果で評価されるのです。サラリーマン・ＯＬ時代は、上司から言われていたことをやっていれば評価されたかもしれませんが、起業をしたらプロセスで評価されることはありません。成功も失敗も結果のみです。

先ほど、「起業とは自分にしかできない問題点の解決」と述べましたが、仕事というのは、誰かの問題点を解決してあげているのです。

つまり、「自分が動くことによって誰の問題点を解決しているのか」を考えながら、普段から行動することが、頭の中を起業脳へ変える第一歩でもあるのです。

予算がなければ工夫する

こんなセリフ聞いたことありませんか。「もう少し予算があれば成功しました」とか「もっと広告費をかければ受注数は目標を突破しました」などです。

しかし、このようなことを言っている人は、予算があったとしても成功できないと思います。要は、お金をかけずに成功できる人が、お金をかけても成功するのです。

逆にお金をかけずに成功できない人は、いくらお金をかけても成功はしません。これが経営者の発想です。予算が少なければ、「どうすればこの少ない予算で目的が達成できるか」を考えて工夫をするのです。しかし、予算がたくさんあると、その方法が正しいかどうかを検証する必要がありませんので、工夫をするということがないのです。

ビジネスとは、収入があって支出を差し引いたものが利益です。如何に無駄な出費をせずに効率よく収入を上げて利益を増やせるかが重要です。つまり、無駄な出費をしないで効率よく経営をするのは、予算を使わない環境で如何に成果を出せる力があるかどうかがカギになるのです。

消費ではなく投資

予算をなるべく使わないで結果を出す方法として、消費と投資の考え方を覚えておいたほうがいいかもしれません。投資とは、使ったお金が返ってくる。消費とは、使ったお金が返ってこないことです。日常生活でも、この発想を取り入れるのです。

例えば、あるサラリーマンが、英会話の勉強で５００万円かけたとします。英語が喋れるようになったことにより海外勤務をするようになり年収も１００万円上がったとします。そうすると英語に関して５００万円かけて勉強したお金も5年で回収できます。こう考えると、この英語の勉強は投資になるのです。

もっと身近な友達との飲み会について考えてみます。会社の仲間と飲みに行って会社の愚痴ばっかり言って楽しむことは、別に自分にプラスになるものもなければ、お金も生みませんので、この飲みは消費なのです。

しかし、別の友達との飲みで、その友達の会社と受注ができそうであり、その友達と飲むことによって売上を上げることができそうだったとします。

そうなると、最終的にお金になって返って来る可能性があるので、その飲みは消費ではなくて投資になるのです（図表3参照）。

【図表３】

投資　⇒　使ったお金が何かしらの形で返って来る

消費　⇒　使ったお金は返ってこない

経営者は消費ではなく投資の発想が必要

つまり日常でお金を使う際に、これは投資なのか消費なのかを考えながら使っていく癖をつけていくことによって、出費があった際の投資と消費の判断がつくようになるのです。

使うお金は投資という発想に切り替える

起業すれば、消費にお金を使っている余裕はありません。ですから、使うお金に関しては、「何かの形で回収をする」と考え方を変えていかないといけません。

起業脳に変えていくには、消費の発想を投資の発想に切り替えていくしかありません。友達と飲むのでしたら、「何かしらの形で売上につながるような話をしたい」、外食をするのでも、「接客の仕方をみて参考にしたい」と考えていくのです。

たとえ消費の支出だったとしても、最終的に自分の事業の利益につなげようと視点を変えてみれば、消費も投資に変わるのです。

普段から問題解決や購買心理への意識を持つ

例えば、知り合いと一緒にレストランに行ったとします。そこの店員の態度が非常に悪かった場合、どう考えますか。通常であれば「腹を立てる」

「店長を呼び出す」「一緒に行った知り合いと文句を言い合う」となると思います。

ここで消費ではなく投資での考え方をします。「店員は何故あのような態度なのだろうか」「あのような店員がいたらどう教育すればなおるのか」「顧客からあの件で文句を言われたらどう謝るのか」「その店員をどう叱ればいいのか」など、経営者視点で考えることができますと、あの店に入ったことによって勉強になったとなるのでレストランへ行った費用も消費ではなく投資になります。

給料をもらっていた会社からも学ぶ

いきなり暗い話になるのですが、年間で起業する人の人口は14万人とされていますが、1年間に廃業する人の確率は3割、3年間で5割といわれています。つまり起業して3年後には半分が消えているのです。

何故こんな話を書いたかといえば、現在もどこかの企業で勤めていてこれから起業を考えているのでしたら、今勤めている会社を振り返ってみてほしいのです。その企業で3年以上働いているということは、その会社は残っている半分に入っているということなのです。

つまり、今働いているその会社は潰れない何かを持っており、その何かを学ぶには、その会社にいるということは絶好の環境であるということを知ったほうがいいのです。

「その勤めている会社の社長さんは、どのような思いで起業をしたのか」「どのような販売方法で会社は安定したのか」「会社を継続しているポイントは何か」、外からでは見えないことでも、中にいたほうがわかりやすいことは多々あります。

ですから、会社を辞める前に、今いる企業から学べるものは学んでおいたほうがいいのです。そこで学んだことが、自分で起業したときに活きるのです。

考え方すべてが起業の勉強材料になる

日常生活においても視点を変えることよって、すべてが起業の勉強材料になるのです。日常生活で接するサービスや商品は、すべて「起業している先輩」の商品でありサービスなのですから、よい勉強材料なのです。

ちなみに、こうやって書いている私も、日常生活で商品なりサービスに接すると、「こんなに安いのにどうやって採算をとっているのだろう」とか、広告を見てその店に行こうと思ったときに「何故その店に行きたいと思ったのか」を追求してしまいます。

普段から、自分が起こす行動でも「何故？」をつけて考えていくと、どういったキーワードに興味を持つのか、どういった心配りで商品を買いたくなるのかがわかってきます。

このように、日常生活で接するサービスから数々のことを学んでいくことができるのです。

◎ポイント

消費ではなく投資の発想にする。
日常生活から学べることを学ぶ。

3　自分に向いている起業を知る

「好きである」が壁を越えられる

起業したい人に話を聞くと、たまに儲けたいから起業したいなんて人がいます。しかし、「儲けたい」をベースに起業すると、うまく行かないことは多々あります。起業をして、そのまま計画どおりに順調に進んでいくなんてことは、まずあり得ません。

何度も壁にぶつかり、それを乗り越えていくことによって、成功に近づいていくのです。その、何度も壁にぶつかっても乗り越えるだけの気力があるかどうかは、好きなことであるかどうかが重要なのです。

先ほど、「儲けたい」をベースに起業するとうまく行かないことがあると述べましたが、「儲けたい」と言って成功する人もいます。その人は、「儲けること」が好きなのです。

こう書くと、「誰でも儲けることが好きですよ」とか言われそうですが、そういう人に逆に聞きたいのが、「身の回りにあるすべての物を犠牲にしてでも儲けることをしたいですか」ということです。

今の自分の立場や地位、身の回りの物や事、すべてを保ちつつ儲けたいという人はたくさんいると思います。しかし、それは「儲けることが好き」ということではなく、理想の夢を語っているに過ぎないのです。本当に好きということは、何かを犠牲にしてでもそのことにのめり込むぐらい好きかということです。

これは、儲けるということだけではなく、起業においては「何かを犠牲にするくらい好きなことで起業をするということ」が重要なのです。要は、自分の好きなことや趣味の延長で起業をすると、起業した際に辛いことがあっても乗り越える原動力になるのです。

好きなことだから顧客が少なくても踏ん張ることができた

私がレンタルオフィスを経営しているときに知り合った株式会社サクセスアライアンス代表取締役の児玉幸子さんは、コーチとして独立した直後に、当時結婚していた夫から「離婚」を突きつけられ、共同で持っていたマンションも手放すことになり、まさにドン底の状態だったそうです。

しかし、そんな辛い状況の中でも不思議とコーチングセッションの際には集中することができ、仕事に没頭していくことで悲しみを乗り越えることができたそうです。

また、その辛い経験が、人の心を扱うコーチとしてはいい経験となり、さらにこの道で生きていくという覚悟ができ、今ではトップクラスのコーチとして活躍しています。

この児玉さんのように事業を通して人を助けることが好きな人、もしくは好きなことで起業していると、辛いときがあっても乗り越えることができるのです。

◎ポイント　**何かを犠牲にするくらい好きなことで起業をする。**

4　社員時代の自分の成功に自惚れないこと

営業成績ナンバーワンの実績者が販売するから大丈夫

ある交流会で出会った人のお話です。その方は60歳前後の方なのですが、知り合いとあるソフトを開発したそうです。そしてそのソフトを販売していくのですが、そのソフトはその方の息子さんが販売するのだそうです。

聞くところによると、その息子さんは大手通信会社の販売代理店でＡＤＳＬを販売しており、その営業所で営業成績ナンバーワンに輝いたそうです。その方は、「息子の販売力があれば、このソフトも売れる」と言っているのです。

しかし、この息子さんが売れた背景には、大手通信会社のブランドがあったのです。とはいっても、この息子さんを否定しているわけではありません。

実際に同じ時期に同じ商品を売っている仲間がいて、その中でナンバーワンの成績を出したのだから、それはそれで素晴らしいことであり、同じ商品を売っている仲間の中で1番になるにはそれなりのノウハウがあったと思います。

しかしそのノウハウが、まだ無名である新しいソフトを売ることに役立つかどうかはわからないということなのです。

後日、その方のホームページにアクセスしましたが、ホームページは閉じられておりました。

無名の商品を売っていくノウハウは違う

大手通信会社のブランドを背負って売っていたのと、まだニーズがどのくらいあるのかもわからない無名の商品を売っていくのとでは、実は次元の違う話なのです。

しかし、このように会社員時代の自分の成功に自惚れた状態で起業をしてしまう人というのは、実は少なくないのです。

知っておかないといけないのは、今まで自分が勤めていた企業での実績というのは、その企業の看板があってこそ成り立っている話でもあるのです。厳しい言い方をしてしまえば、その企業の看板がなかったらその人から商品を買わなかったかもしれないし、そのお客さんが会ってくれたかどうかすらわからないのです。しかし、そこに気がつかないで、企業時代に上げた実績を自分のチカラのみで上げたと勘違いしてしまうのです。

企業に勤めているときには、ブランド力や販売網がつくり上げられた中でやりますので、大きい仕事をすることができますが、自分で起業すると、企業にいたときに既につくり上げられていたモノを自分で構築するところから始めないといけないので、倍以上の労力が必要になります。だから大変なのです。

◎ポイント　社員時代の実績は別のモノとして考えること。

5　思いつきを起業のネタに育てる方法

思いついたアイデアを膨らませる

「起業をしたい」と思ったときには、何かしらのよいアイデアを思いついたことが多いと思います。しかし、よいアイデアを思いついても、人にどんなサービスか聞かれたときに、如何に魅力的に答えられるかが大切になります。

自分のサービスを話すときに、ただサービスを話すだけではなく、「同業他社と比べて競争力はあるのか」「このサービスはどこまでニーズがあるのか」なども合わせて話していかないと、相手にそのサービスに対して興味は持ってもらえませんし共感を得るところまでいきません。

しかし、最初に思いついたアイデアだけではそこまで話すことはできないかもしれません。

そこで、最初に思いついたアイデアを膨らませて、相手に具体性があるように説明できる方法があります。私が開催している起業セミナーなどで実際に生徒さんにやってもらっている方法ですので、紹介します。

まずは4つの質問がありますので、それぞれ回答してください（図表4参照）。

そしてサービスについて話す際には、ここで出た回答をちりばめながら話していけばいいのです。

私は、以前、女性起業家向けのシェアオフィスを経営していました。そのサービスを例に回答して

【図表４】

以下の質問に答えてください。 ①あなたのサービスで一番訴えたい特徴を教えてください （　　　　　　　　　　　　　　　　　　　　　　　　） ②あなたのサービスで他社のサービスと比べた大きな違いを教えてください （　　　　　　　　　　　　　　　　　　　　　　　　） ③その違いを知ったときに、お客様にどんなリアクションをしてほしいですか （　　　　　　　　　　　　　　　　　　　　　　　　） ④顧客満足度を高めるために何をしますか （　　　　　　　　　　　　　　　　　　　　　　　　） サービスの説明をするときに、①②③④で出た回答をちりばめながら説明をしていけばいいのです。

みます。

①「女性専用のオフィス」

②「女性起業家の声を随所に取り入れたオフィス」

③「かゆいところに手が届いているという」

④「顧客のニーズを取り入れてサービスを向上させている」

このようにサービスを説明すればいいのです。

「女性専用のシェアオフィスを開業します。女性起業家の声を随所に取り入れてますので、かゆいところにも手が行き届いていますし、契約後も顧客のニーズを取り入れてサービスを向上させていますので、安心してご利用いただけます」。

冷静に考える材料になる

私の起業セミナーに参加する参加者は、「起業したい願望や、大まかなアイデアはあるが具体的にはまだ」という方が多かったので、セミナーでこの方法を教えてあげることによって、「具体性が見えてきました」とか「何が足りないかわかりました」などの声をいただきました。

この方法を使うことによって、これから始めたいサービスの特徴について冷静に考えたり、他社と差別化や、何が足りないのかに気がつくよい機会にもなるのです。また、起業してサービスをスタートさせている人でも、このように要点をまとめてサービスを説明していくこともできます。

実は、「あなたのビジネスって何ですか」との問いに対して、その業界が抱える問題を十分くらい話してやっと本題に入るなんて人も少なくないのです。そんなことをやっていたら相手の人には本題を聞く前に飽きられてしまいます。

相手にサービスを話す際に重要なことは、最初に要点を話して、相手が興味を引き付けることです。そうするためにも、この方法を利用してサービスの要点をまとめる際の参考にしてください。

◎ポイント　アイデアに具体性を持たせて要点をまとめる。

6　本当の起業入門とは副業である

副業で十万円稼げない人は、起業しても生活費は稼げない

以前、「起業の勉強ができる会社に就職したいから紹介して欲しい」という人が来たので、「定職

についていないのなら、まずはどこでもいいから固定給で働ける場所を探して、その仕事に慣れたらプラスアルファで副業をしなさい」と教えてあげました。

するとその人に、「副業の自信がない」と言われました。副業に自信のない人間が、どうして起業でうまくいくのかわかりません。結局その人は、「起業はかっこいい」と思い、そのかっこよさだけに憧れていたみたいです。

一歩踏み出せない人にとっては、起業は遠くにある存在ですから夢を見ているのと一緒であり、起業の存在が遠すぎて感覚が麻痺しており、やってみれば成功するような感覚に陥るのです。

しかし、副業となると急に身近になります。身近になると、自分に何ができて何ができないというのがわかるので、副業に対しては自身がなくなるのです。

つまり、夢見状態のままで起業をしても成功をするはずはないのですが、成功した人の本を読んで、つい「自分もなんとかなるだろう」と起業をしてしまうのは大変危険なのです。

副業から始めることのメリット

起業の勉強として副業をお勧めするのは、副業をすることによって現状が見え、対策を練ることができるからなのです。

まずは、副業をすることで顧客と接することができますので、顧客の声を聞くことができます。サービスの内容や売り方に関しても、どうやったら売れた、こうやったら売れないということもわかります（図表５参照）。

【図表５】

副業から始めることのメリット

・そのビジネスの現状がわかる
・顧客の生の声を聴くことができる
・顧客リストが起業したときの顧客リストにもなる
・本業の収入があるので失敗しても生活費に支障がない

起業で失敗している方で多いのが、顧客のニーズが反映されずに、独りよがりのサービスになってしまっていることです。そのようなサービスでしたら、どんなに頑張っても集客はできません。

会社を辞めて起業してニーズのないことをやってしまったら、それこそ時間とお金の無駄になってしまいます。そして収入がないから焦ってしまい、もっとドツボにはまるのです。

しかし、会社に勤めているうちに副業としてスタートすれば、仮にニーズにあわないサービスで顧客が思うように獲得できなくても、本業の収入があるので大丈夫なのです。本業の収入に安心ができる分、思い切ったこともできるのです。

起業時の顧客名簿としても使える

また、副業のもう一つの利点として、顧客が取れることによって顧客名簿ができるというメリットがあります。いきなり会社を辞めて独立をすると、顧客獲得はゼロからのスタートになりますが、副業からスタートしておけば、副業で獲得した顧客が名簿として残ります。

副業ですと大きく事業を広げられませんので、コツコツと顧客名簿を増やしていくしかないのですが、このコツコツと副業で頑張って溜めた顧客名簿が、独立起業するときに役に立つのです。

起業を実践で学べるのは副業のみ

起業について頭で学びたければ、起業塾なり起業セミナーに参加すればいいのです。実践で学びたければ副業をすればいいのです。学ぶということは、頭だけで学んでも身につきません。スポーツでも理論を頭で覚えても、実際に体を動かさないことには身につきません。

例えば、野球でホームランを打つ理論を頭で学んでも、実際に練習しなければホームランは打てません。起業においてもそれと同じで、頭だけで学んでもうまくいきませんので、副業という形で練習・実践をしていくのです。

幾ら頭だけで考えていても、顧客と接しなければ顧客のニーズはつかめません。副業で実践して得たものが、起業したときの成功に結び付くのです。

趣味を磨き副業で稼ぐ力をつける

男性のプロフィールなどの趣味の項目に書かれる、読書・音楽鑑賞・映画鑑賞・ドライブの４つは男の四大趣味といわれているそうです。しかし、よく考えてみてください。本を読まない人はいない。音楽を聞かない人はいない。映画をみない人はいない。車を持っている人はドライブが好き。つまり、ここに書かれている四大趣味とは誰でもやっていることなのです。

逆を言えば、他にこれといった趣味がないために、読書・音楽鑑賞・映画鑑賞・ドライブしか書

【図表６】

副業するには

1,000時間費やした趣味での副業が理想

目安：１日１時間で３年間以上

くことがないのです。そして、この四大趣味を書いてしまった方々が、ここに書いた趣味にどれくらいの時間を割いているのかが大いに気になります。映画が趣味といっておきながら、ビデオを含めて1か月に1本しか映画を見てないなんていう人もいます。「本当にそれは趣味なの」と思ってしまいます。

１０００時間費やしている趣味なら副業してみては

趣味といえるかどうかの基準で、そのことに１０００時間を費やしたかどうかが基準になります。

１０００時間といえば、1日1時間それに費やしたとして、3年間です。このぐらいの時間を費やせば、趣味といっても恥ずかしくはありません。そして、それだけ親しんでいる趣味でしたら、副業などのビジネス展開を考え始めてもよいかと思います（図表6参照）。

私の知り合いのル プチ ボヌール代表の岡田友美佳さんは、現在、天然酵母のパン教室を運営しております。岡田さんは、お子さんに体に良いパンを食べさせたいと思い、最初は独学でパンづくりを行っていたのですが、ママ友からの「パンづくりを教えてほしい」という声から、友達に教えながらつくるようになりました。

それから教える楽しさに目覚め、パンを教える資格を取り、本格的なフランス料理のパン教室に通い腕を磨き、現在では毎回満席になるほどのパン教室を運営するようにまでなりました。

岡田さんのように趣味で起業をするということをお勧めします。

まずは情報発信から

また、１０００時間も費やしていることでしたら、その分野に関して非常に詳しくなっていると思います。

まずはブログなどで、その分野に関しての自分の知っているその情報を出していくという方法もあります。ブログの活用法については第5章で触れさせていただきます。

趣味であるその分野に関してブログを書くにしても、重要なことは「自分なりの切り口で情報を書く」ということです。趣味であるその分野に関してのブログを書いている人は山のようにいると思います。

そこで差別化する要素が、自分なりの切り口で書くということです。

アクセスログを見て、どんな記事のときにはアクセスが多かったか、どんなキーワードでブログに来ている人が多いのかなどを分析して、記事に活かしてアクセス数を増やす努力をします。毎日千アクセスを超えるぐらいになることを目標にします。

また、「自分なりの切り口で情報を書く」ことは、起業の基本でもある「自分にしかできない問題点の解決」にもつながっていくのです。

ブログを書くことによって勉強をする

副業でブログを勧めるもう一つの理由として、ブログを書くことによって勉強をするようになるのです。人はアウトプットするとインプットするといわれています。何かテーマを決めて、毎日必ず更新すると決めて書いていくといいのです。

1000時間を費やしている内容であれば、ある程度は書けると思いますが、1日1更新で記事を書いていくと100記事前後のちょうど3か月くらいでネタが尽きてくるのです。

しかし、「毎日更新」と心に決めていると、ネタを仕入れようとして、情報をインプットしようと心がけるようになるのです。起業でも副業でも、サービスを提供したら、お客さんから見れば「業界の人」なのです。お客さんは業界人としての知識を求めてきます。しかし、業界の知識をつけようと思って頑張っても、中々その勉強は先に進まなかったりもします。

そこで、「毎日必ず記事を書く」と目標を定めてブログを書き始めると、ブログを読んだ人が感想を書き込んできたりするなどの反応が見えますので、記事を書くために情報を収集するようになるのです。そうしていると自然に知識がついていくようになりますので、ブログを毎日更新することはぜひともお勧めします。

小遣い稼ぎのサイトをつくる

ブログでアクセス数を増やしていくと同時に、小遣い稼ぎのサイトをつくる方法をお勧めします。

小遣い稼ぎのサイトは、アフィリエイトやドロップシッピングで商品を選んだほうがいいです。

アフィリエイトやドロップシッピングの詳細については第3章で説明します。

アフィリエイトやドロップシッピングで選ぶ商品は、ブログで書いている内容のことに関連する商品を選びます。そして商品を販売する専用サイトをつくります。この専用サイトに、先ほどのブログよりリンクを張るのです。そうしますと、趣味の情報提供でブログでアクセスを上げ、リンクを張ってある小遣い稼ぎのサイトに誘導することができます。

例えば、海苔を使ったレシピのブログを書きます。別に海苔を販売するページをつくり、ブログからリンクを貼ります。元々、ブログの読者が興味を持ちそうな商品を扱っていれば、小遣い稼ぎのサイトで商品を購入してくれる可能性も高くなります。

まずは、趣味で詳しい情報をブログなどで発信して、そのブログユーザーが興味を持ちそうな商品を販売してリンクを貼るなどして、趣味で小遣いを稼ぎ、稼ぐ力をつけていくことが起業に向けて役に立つと思います。

結構多いビジネスネーム

私がレンタルオフィスを経営していたときに、オフィスを利用する方の身分証明書の確認をするのですが、実はビジネスネームを利用している方が多いということに気がつきました。ビジネスネームというと、「何それ？」と思う人がいると思いますので、説明をします。

ビジネスネームとは、本名とは別に仕事のときだけ利用する名前のことです。一番多いケースは、女性が独身時代に独立をするのですが、結婚をして名字は変わったとしても、仕事の上では結婚前の名字を使うケースです。

独立してある程度仕事が波に乗ってくると、名前を変えたりするのはためらってしまうものです。ですから結婚前の名字をそのまま使うケースです。

副業が会社に気づかれないためのビジネスネーム

次に多いケースとしては、副業を始めるときに、本名の場合では会社に気づかれる可能性があるため、副業用に名前を変えるケースです。

副業で一番気をつけないといけないことは、会社に気づかれないということです。会社などでは、暇な人が知り合いの名前を検索サイトで検索をして、検索結果をみて楽しんでいるケースも多々あります。そんなときに会社の人が、副業をしていることを見つけてしまうというケースです。

そうならないために、ビジネスネームをつけるのですが、一番多いのは自分の名前と同じ読み方で漢字のみ変えるケースです。

例えば、吉田健一であれば好多賢壱。ここまで変えている人は少ないですが、大抵が名前の1文字か2文字を変えている感じです。呼び方が同じでも漢字が変わっていれば、検索サイトなどで本名を検索されても大丈夫ですし、ビジネスネームで呼ばれたとしても、本名で呼ばれているのと一緒のため、戸惑うこともありません。それに、ビジネスネームを使用していて実際に契約が取れたとしても「身分証明書をみせろ」なんていう人はいません。

ですから、自分の都合の良いようにビジネスネームを使う方法もありだと思います。

ビジネスネームが使えない業種もある

先ほど、「身分証明書をみせろ」なんていう人はいないと述べましたが、証明書の提示が必要な職業もあります。弁護士や税理士といった士業の方々です。

他にも、資格を持たないとできない職種の方々は、資格証の提示が求められる職業もあります。そういった職業の方々は、ビジネスネームではなく、本名で仕事をしないといけません。ですから、ビジネスネームを使う前に、自分の職種はビジネスネームを使用しても問題がないかどうかを確認する必要があります。

しかし、ビジネスネームを使うことに問題のない職業のようでしたら、ビジネスネームを使用して副業から始めてみるのもいいです。

他にもある会社に気づかれない方法

また、副業をして会社に気づかれないための方法として、身近な人に個人事業主の登録をしてもらい、そのビジネスを自分が請け負う方法です。個人事業主で登録をして副業を始めると、最終的に確定申告で会社にわかってしまいます。

そこで、個人事業主の登録は、奥さんであったり、親であったり、兄弟姉妹など、迷惑のかからない人にお願いをして、その個人事業を手伝うという形でその事業を始めるのです。

このように、ビジネスネームで検索対策をしたり、確定申告の対策をすることによって副業しても会社にバレない体制を取ることはできますので、これから起業する人は、起業する前に副業から始めてみることを勧めます。

◎ポイント

起業したいのなら副業から始めること。

趣味で稼ぐことから始めてみること。

7　起業の前に今一度考えてみる

本当に起業しても大丈夫か

起業をする際には、成功したときの絵しか浮かんでいないのです。

そんなときだからこそ今一度考えてみてください。本当に起業しても大丈夫でしょうか。

それを確かめるためにも、起業前に図表7の4つのポイントを今一度確かめてみてください。

①　起業の先にある目標を定めていますか

まずは、その起業をすることによって何を目標とするのかを定めたほうがいいのです。それは起業が目標になるのではなく、目標を実行する手段としての起業にするのです。

私の知り合いのクボデラ有限会社代表取締役の窪寺伸浩さんは、神棚の販売をしているのですが、

【図表７】

起業前にもう一度チェック
□　起業の先にある目標を定めているか
□　重要な知識や経験を持っているか
□　家族の理解と協力はあるか
□　自己資金の準備はできているか

「神棚の普及を通して日本をより良くする」という思いで、神棚の販売や神棚に関する講演などを行っています。

また、私のレンタルオフィスを経営していたときに知り合ったキャスティングヴォートの井上美佳子さんは女性が女性のために本当に必要なことを伝えていくというコンセプトのもと、「自分が提供するサービスが一人でも多くの人の心を豊かにすることができたら」という想いから年齢や世代を超えた交流・ＷＥＢマガジンを提供し、若い世代のサポートをしています。

要は、起業をするのが目的ではなく、「自分の目標があって、その目標を達成するための手段として起業があるか」ということです。

先ほども述べましたが、起業とはぶつかった壁を如何に乗り越えられるかです。好きなことであれば乗り越えやすいと書きましたが、起業した先に目標があるのかないのかでも大いに違ってきます。

起業の先に定めた目標が、他人から共感されやすいものであるほうが、起業した後の集客や一緒に動く仲間を探す際にも動きやすいのです。

②　重要な知識や経験を持っていますか

先ほどは副業の箇所で、千時間費やす趣味を持っていればと述べましたが、そこまでの経験がない分野で起業することもあります。しかし、起業した際には、当然お客さんは「業界の人」として見るので、その業界人としての知識は必要になります。

ブライダルラウンジ九段下の宮田秀花さんは、現在結婚相談所を経営しているのですが、前職では環境のＩＳＯ関連の仕事をされていたので、まったくの畑違いでした。

そこで、宮田さんは婚活関連の本を20冊読んで、婚活業界の知識を得た上で結婚相談所を始めたのです。

自分が今まで経験のある業界での起業であれば問題はないのですが、もし別業界からの起業の場合ですと、その起業する業界に職種に関わる書籍を読んでから起業したほうがいいのです。

③　家族の理解と協力はありますか

起業して大変なときは、家族の助けが不可欠です。そのため、家族のＯＫが重要です。しかし、起業相談に来る人の中には、起業を考えているがまだ妻には言っていないという人もいます。

それもどうかと思います。逆の言い方をすれば、家族すら説得できない起業であればやめたほうがいいです。まずは家族の理解を得ましょう。

④　自己資金の準備はできていますか

起業した際に一番重要なことは資金です。廃業した理由の半分以上は資金不足によるものです。資金はあるにこしたことはありません。

「今はなくても、起業して顧客がつけばお金が入るから大丈夫」なんて思っていてはだめです。起業する際には、毎月かかる費用の6か月分は最低あったほうがよいといわれています。つまり、6か月分は収入がゼロでも生き残れるだけの資金は手元に置いておいたほうがいいということです。

特に、初めての起業の場合には、予期もしない出来事が起きたり、予定もしていない出費が出て行ったりするものです。

また、仮に融資を借りるにしても、最低でも、必要な資金の3分の1はないと融資はしてもらえないことは多いです。資金オーバーで事業の継続ができなくてサラリーマンに逆戻りという話はよく聞きます。そうならないためにも、できるだけ多くの自己資金は準備をしておいたほうが後々困らないのです。

◎ポイント　起業する前に、今一度ポイントをチェックする。

8　どちらを選ぶ？　株式会社と個人事業主

株式会社と個人事業主の違いを知る

起業をしたい方からよくこんな質問をいただきます。

「個人事業主として起業したほうがいいのか。それとも株式会社として起業したほうがいいのですか」「最初は個人事業主からスタートして、どのタイミングで株式会社にしたほうがいいのですか」……起業する人は、よくこの部分で迷うそうです。

起業する際に株式会社にしたほうがよいケースとしては、ターゲットにする顧客が大手企業であったり、県や市などの公共の組織などの場合といわれています。

大手企業や公共組織などの大きい組織の場合には、個人との契約は非常に嫌がります。

そのため、実際には一人で動いていたとしても、株式会社化したほうがいいのです。

また、大きく見せたい場合にも株式会社からスタートするメリットはあります。

たとえ動いているのは自分一人でも、株式会社社長の肩書があることによって社員をたくさん抱えている社長のように思わせることができます。

株式会社　男性と女性の違い

ここに面白いデータがあります。

私がレンタルオフィスを経営していたとき、顧客の属性を調べたところ、一人で経営している起業家のうち、男性は4分の3が株式会社にしているのに対して、女性は半分くらいしか株式会社にはしていませんでした。

女性より、男性のほうが株式会社ということにこだわっている結果だと思います。

しかし、こういった目的がないようでしたら、最初は個人事業主から始めても充分だと思います。

最初は個人事業主から

株式会社の場合には、利益が出ていなくても法人化しているだけで毎年７万円の地方税を支払う義務があります。ですから、利益の出ていないうちは個人事業主からスタートするのが理想なのです。

では、個人事業主でスタートして、どのタイミングで法人化すればよいのでしょうか。

この件に関しては、年間の利益が４００万円を超えるようになったら法人化すればよいといわれています。個人の所得から支払う所得税については、累進課税といって収入の額によって支払う税金の税率が異なっています。また、健康保険料の支払額も、収入によって支払う額が違ったりするのです。

しかし、法人税は一律になっています。ですから、年間の利益が４００万円を超えるようになった場合には、法人化したほうが得なのです。

法人化した場合には役員報酬には気をつけて

しかし、法人化した際に気をつけないといけないことがあります。

法人化した場合には、自分が社長になって役員報酬を差し引くわけですが、役員報酬は、期の途中で変更することはできないのです。なぜかといえば、期が終わった時点で利益が出ていれば、そこから法人税が引かれるのですが、仮に役員報酬の変更が期の途中でできてしまうと、利益が出そうになったら報酬を上げて利益を出さないという利益操作ができてしまうからです。

そのような利益操作ができないように、期の途中で役員報酬を変えることはできない仕組みになっています。ですから、期の始まる前に役員報酬を決める際、役員報酬を取り過ぎると、業績が悪くなったりしたときに赤字になったり、役員報酬が少なすぎると、業績が良いと利益が出て、法人税を支払うという形になります。役員賞与も、利益を確定させて法人税を支払い、残った利益から支払うという仕組みになっております。

ですから、期の始まる時点で設定する役員報酬の金額は重要になるのです。

法人化した場合には、下手に「税金を払いたくない」といって小細工をするとうまくいかないケースがあるので、気をつけたほうがいいです。

資本金とは

最近では、1円起業などといわれますが、別に1円で会社設立ができるわけではありません。実際に会社を設立する際には、定款の認定料や登録免許税で30万円近くかかると思ってください。1円起業の1円とは、資本金が1円ということです。

昔は、株式会社の場合、1000万円の資本金がないと設立できなかったのですが、2003年に中小企業挑戦支援法が施行され、資本金が1円でも株式会社が設立できることになりました。

しかし、資本金が1円では信用してもらえないのが実情です。資本金とは、会社を運営する資金です。

例えば、1万円の商品を50個仕入れて1個1万5000円で販売します。この50個は1か月でなくなり、翌月に50個を仕入れて販売します。単純にこの流れでいえば、毎月の仕入の際に50万円が発生して、毎月75万円の売上で、毎月25万円の利益が出ていることになります。

つまり、50万円のお金があれば、このビジネスモデルでは何とかなるということですので、資本金は50万円以上必要ということになります。

この例ではわかりやすくしましたが、実際には商品の仕入代のほか、人件費や家賃など含めて最低限いくらあれば会社を運営していけるのかを計算します。資本金は、会社を運営していける金額の最低金額以上は用意しておく必要があります。

◎ポイント　起業は、なるべく個人事業主からがお勧め。

9　成功する起業家と失敗する起業家の違いを知ること

成功している起業家も共通点がある

まえがきでも述べましたが、私がレンタルオフィスを経営してきて千名近い起業家と接した中で、「事業を継続している起業家」「事業を畳んでいる起業家」を目にすると、それぞれにおいて何かしらの共通点があります。

その中で一番印象的なことは、事業を継続している起業家は「人としての基本」がしっかりできているという点です。これは別にむずかしいことではなく、礼儀であったり、挨拶であったり、人として当たり前にやっていることなのです。

例えば、請求している金額の入金が毎月遅れているお客さんは、数か月後に事業を畳んでいるケースが目立ちました。こう述べると、資金が回らなくなったから未払いが続いたと思われますが、少し違うのです。遅れていても払ってはいるのですから、お金はあるのです。

実は、期日までに支払いをしないずさんな性格が、会社を畳む引き金を引いているのです。人ですので忘れることだってあります。事業を継続している起業家は、支払いが遅れた場合には必ず連絡を入れてきているのも特徴です。

しかし、事業を畳んだ起業家は、請求金額の支払いがないので、こちらから二度三度連絡して、やっと支払うということを毎月やっているのです。

これが、人としての基本がしっかりできているかいないかということなのです。

継続してできる人が残っている

事業を継続している起業家をみていると、一つのことを継続してできる力を持っています。外から見てわかりやすいのがブログです。最近の起業家は、ほとんどがブログを書いています。自社のホームページを持っていなくても、ブログは書いているという人も少なくはありません。

レンタルオフィスの経営の中で、住所だけを貸すバーチャルオフィスのサービスもやっていましたので、住所が正しく利用されているのかを確認するために、利用者のホームページやブログを定期的に確認していました。そこでわかったことは、継続してブログを書いている起業家で事業をたたんだ起業家はいなかったということです。

逆に、事業をたたんでしまった起業家のブログをみると、相当前からブログの更新が止まっているケースが目立ちます。ブログとはいえ、「定期的に更新をする」と決めて、それを継続できる力のある人は起業でもうまくいくみたいです。

ただ、ここで勘違いをしないでいただきたいのは、事業を継続する力のある人はブログを継続する力があるというだけで、ブログを継続できただけで事業すべてがうまくわけではないのです。

成功者は晴れ男晴れ女

また、「事業を継続している起業家」「事業をたたんでいる起業家」の違いとして発想の違いがあります。よく雨男雨女とか、晴れ男晴れ女なんてあだ名を聞きます。人に言われてしまうのは別として、自分で私は雨女、俺は雨男といってしまう人は、起業してもうまくいかないかもしれません。

占いなどでよく使われる心理学の手法として、確証バイアスというものがあります。これは、個人の先入観に基づいて他者を観察し、自分に都合のいい情報だけを集めて、それにより自己の先入観を補強するという現象のことです。

例えば、占いで「昨年は悪い年だったでしょう」と言われると、昨年にあった悪いことばかりを探すという現象です。昨年1年間を見れば、良いことも悪いこともあったはずです。しかし、「昨

【図表８】

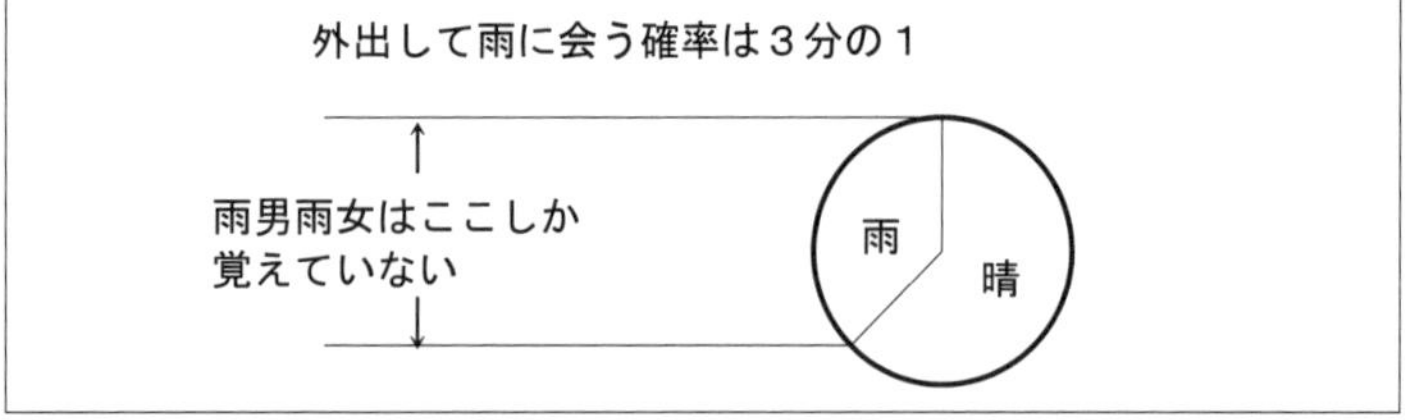
外出して雨に会う確率は３分の１
雨男雨女はここしか
覚えていない
雨
晴

年は悪い年だったでしょう」と言われたことによって、昨年にあった悪いことばかりを探してしまうという現象です。雨男や雨女は、この確証バイアスの現象に似ているのです。

実は、気象庁の出しているデータを調べると、年間で雨の降った日は１２０日前後です。つまり、１年間の３分の１が雨なのです。確率でいえば、外出した3分の1は雨が降って、３分の２は雨が降っていないのです。

しかし、「私は雨女」「俺は雨男」という人たちは、外出した3分の1に出会った雨のことばかりを意図的に探してしまっているのです。

ポジティブ思考でいられるか

晴れと雨で分けたときに、大抵の人が、晴れはポジティブなイメージで、雨はネガティブなイメージだと思います。つまり、「私は雨女」「俺は雨男」と言っている人は、過去にあったネガティブなイメージの雨の日ばかりを集めてしまっているのです（図表8参照）。

このような人は、天気だけではなく、ネガティブな部分を見る傾向が強かったりするのです。逆に言えば、晴れ男や晴れ女は、ポジティブである晴れの日ばかりを集める思考になっているのです。

何度も述べていますが、起業したら壁だらけです。その壁を超える原動力は「好きなこと」と書きましたが、もう一つあります。それはポジティブ思考です。晴れ男や晴れ女はポジティブ思考である率が高いのです。ですから、成功している起業家は晴れ男晴れ女が多いのです。

わかりやすく晴れ男晴れ女と書きましたが、要はポジティブ思考かどうかなのです。

ピンチはチャンスの裏返し

よく、「チャンスにめぐりあえない」とか、「よいアイデアが浮かばない」などの話を聞きます。しかし、チャンスとアイデアについてはどこにでもあるのです。ただ、それをチャンスやアイデアだとは気がついていないだけなのです。

「ピンチはチャンスの裏返し」という言葉があります。ピンチでも、考え方を変えればチャンスになるのです。つまり、ピンチであろうが何であろうが、チャンスに変える発想を持っていれば、チャンスなんてどこにでも落ちているのです。

私がレンタルオフィスを経営していたときに知り合いになったハナマルキャリアコンサルタントの上田晶美さんは、今ではキャリアコンサルタントとしてテレビや雑誌などに出ていますが、元々キャリアコンサルタントになったきっかけは、会社勤めのときに出産して、その頃は育児休業はそれほど整備されていなかったので、子育てと会社員の両立が難しく、思い切って会社を辞めて、自分の持っている人事の経験を生かして独立をしたそうです。

上田さんも「子育てと会社員の両立が難しい」というピンチをチャンスに切り替えて当時では初

めてのキャリアコンサルタントとして独立して今に至っているのです。

アイデアはどこにでも眠っている

そして、「よいアイデアが浮かばない」も同じことで、その辺にあることでも、発想さえ変えればいくらでもアイデアにはなるのです。

世の中の新製品のほとんどは、今あるものを少し変えて新製品として世に送り出したり、既存の物と既存の物をかきあわせて新製品として出しているケースが多いのです。今までにまったく誰も想像もしたことのない・見たこともない商品が新商品ではないのです。つまり、今ある商品の発想を変えていくだけで、それはアイデアなのです。

要は、今ある商品を見ていても、発想を変えてみたりするだけで、良いアイデアやチャンスはどこにでも眠っているのです。起業をして新商品や新サービスを提供していくには、チャンスを活かせるだけの実力をつけたり、勉強をしたりして、発想を変えて商品を見ていけばいいのです。そうしていくだけでも、世の中はチャンスとアイデアにあふれた世界に変わるのです。

運・鈍・根

会社経営者に必要なものとしてよくいわれる言葉として「運」「鈍」「根」があります。「鈍」は、鈍感であることです。経営はやっていく中で必ず失敗はあるものですが、そんな失敗でもクヨクヨせずに進むことが必要です。そういった意味で鈍感である必要があるのです。「根」は根性です。

うまくいかなくてもやり抜く根性が必要になります。そして「運」です。

運を味方につける方法

「運」をよくするには、「徳を磨け」といわれます。徳を積む、つまり、人のためになることをするのです。要は、日常生活の中で、どれだけ人のためになることを心がけているかです。

「人のためになる」を心がけて実践した生活をしていると、仮に困ったことがあっても、助けてくれる人が出てきたり、チャンスの話を人から教えてもらえたり、結果的に運の良いことが起こるのです。

「人のために」がビジネスになる

人のためになると思ってやっていたことが、ビジネスになって起業したというケースも多いです。

私がレンタルオフィスを経営していたときに知り合いになった株式会社空と風の代表取締役・似鳥裕子さんは、現在はブランディングなどを手掛ける会社を経営しておられます。

元々以鳥さんは、デザイナーとして企業勤めをしていたのですが、仕事とは別に、知り合いからホームページに関する相談を受けるようになり、相談してきた人のホームページを見るとブランディングができていなかったので、ブランディング指導をすることにしたのです。

それを繰り返しているうちに、これをビジネスにと思って起業に踏み切ったのです。

また、私がレンタルをオフィスを経営していたときに知り合いになった株式会社プロヘルス／

【図表９】

事業を継続できている起業家の共通点
・礼儀がしっかりとしている
・継続する力がある
・ポジティブ思考
・発想の切り替えができる
・「人のためになること」を抵抗なくできる

フェミナス産業医事務所の代表取締役の石井りなさんは、起業前から産業医をしており、「働き盛りの健康を守る」「職場でのメンタル不調者発生に困っている」などの悩みを抱えている企業から相談を受けることが多く、サポートを行っているうちに企業からの要望が増えたことをきっかけに、健康&メンタルヘルスの総合コンサルティングの事業で起業をされました。

最低４つ以上のクリアを目指す

今回、事業を継続できている起業家の共通点を５つ紹介させていただきました（図表９参照）。

事業がうまくいっている人と接してみると、この５つの共通点のうち４つ以上はクリアしているのが印象的です。

実は、こちらであげている５つの共通点において天性的なものは１つもなく、すべて意識的に変えられるものばかりです。これから起業を考えているのでしたら、起業するまでの間にこの５つの共通点を兼ね備える努力もしておくとよいでしょう。

◎ポイント　人のためになるという発想で起業をする。

第2章

心構えで失敗しない秘策・起業本に書かれない「起業後の真実」

1　起業1年以内を狙ったビジネスが確実にある

起業時によくあるテレアポ営業とは

起業すると、テレアポの営業電話がたくさんかかってきます。私が経営していた会社にもよくテレアポの営業電話がかかってきました。そこで、よくテレアポ営業がかかってくる業者を分析すると、大きく分けて「人材募集系」「ＳＥＯ、インターネットマーケティング系」「芸能人が取材に来ます系」の三つの業種です（図表10参照）。

人材募集系は、求人広告会社や派遣会社などがたくさんテレアポ営業の電話をかけてきます。特に、バイトなり社員を雇おうと思って、求人広告を出すと、１日に４～５件テレアポの電話がかかってきます。募集予定がないときにテレアポの営業かかってくると結構面倒なのですが、実際に人材募集をしているときでしたら、話を聞いてもいいかもしれません。

問題は残りの二つです。「ＳＥＯ、インターネットマーケティング系」「芸能人が取材に来ます系」については、「お金がかかった割には全然効果がなかった」などの声をよく聞くので、次にみてみましょう。

ＳＥＯのテレアポ営業は良く考えてみること

まずＳＥＯとは、Ｓｅａｒｃｈ　Ｅｎｇｉｎｅ　Ｏｐｔｉｍｉｚａｔｉｏｎの略で、検索サイト

【図表 10】

起業するとよくかかってくるテレアポ業者
・人材募集系
・ＳＥＯ、インターネットマーケティング系
・芸能人が取材に来ます系

などで検索をした際に、検索結果のページの表示順の上位に自らのホームページが表示されるように工夫することです。

このＳＥＯ対策をすることによって、自分の起業したジャンルに関連した言葉を検索した際に、自分のホームページが１ページ目に出しやすくするというものです。

実は「御社のホームページをＳＥＯ対策で上位に上げますよ」というテレアポの営業電話が非常に多いのです。

最近では、「ＳＥＯ対策」というと、すぐに切られてしまいますので、「検索して上に出る施策」とか、「ＷＥＢマーケティング」などと言ってきますが、話を聞いてみるとＳＥＯ対策の営業であることが多いです。

電話がかかってくると、大抵が「ＷＥＢの担当者お願いします」と言ってきますので、すぐにわかります。ホームページをＳＥＯ対策で検索したときの上位に上がるわけですから、本当に上がれば嬉しい提案なのですが、「数十万円払ってＳＥＯ対策したけど、全然検索で上位に来ない」という声は多々聞かれるので困ったものです。

しかし、業者にお願いしてＳＥＯ対策をして、本当に検索で上位に上がったという話も実際にありますので、ＳＥＯ対策の業者に関しては判断する基準さえ知ればいいのです。

どんなSEO対策業者がよいのか

実は、「SEO対策しませんか」という電話営業が多いので、「SEO対策」で検索サイトで検索をかけて調べてみたところ、電話営業をしてきた業者は一社も引っかかりませんでした。

SEO対策を行っている業者が、何故SEO対策のキーワードで上位に上がって来ないのでしょうか。また、SEO対策で検索上位に上げる提案ができる会社が何故テレアポ営業をしているのでしょうか。

どのようにして顧客を集めるかは、その会社の戦略になりますので、こちらが口を出す問題ではありませんが、一つだけ言えることとしては、テレアポ営業をしているということは、テレアポ営業をする人の人件費が必ず発生しており、その費用が必ずサービスの費用に入っているということです。

必ず相見積りを取ること

よくあるケースとして、起業してホームページをつくったはいいが、全然アクセスがない。アクセスがないから当然ながら顧客の獲得ができない。顧客獲得ができないから悩んでいる。そんなときに、「ホームページが検索で上位に上がる提案です」と電話がかかってくると、それが神の声に聞こえてしまい、そのまま契約をしてしまうというものです。

しかし、そこでそのまま話を鵜呑みにするのはやめてください。他のSEO対策業者からも見積りを取って、相見積りをすることをお勧めします。

今では、普通のＷＥＢ制作会社でもＳＥＯ対策は行っています。それこそ、「ＳＥＯ対策」で検索して出てきた会社に見積りをお願いしてもいいです。5社くらいから見積りを出してもらえれば、市場価格が見えてきます。それから判断すればいいのです。この作業を面倒くさいと思ってはいけません。

結局、テレアポ営業でかかってきた際に、営業マンが言っていることを鵜呑みにして、市場価格を調べないで契約をしてしまうので、「費用が高かった割には効果がない」という現象が発生してしまうのです。

あくまで「ＳＥＯ対策」は、対策ですので効果を保証してくれるものではありません。そしても し効果が出なかったとしても諦められるくらいの投資であれば問題はないのかと思います。

相見積りを取って、効果が出なかったときのことも考慮して、自分が納得できる金額を提示してきた業者にお願いをするのが、一番効率がいいのです。

芸能人が取材に来ます

次は「芸能人が取材に来ます」系についてです。

これはテレアポ営業で「御社のサービスが非常に面白いので、○○さんが取材に来てくれます」と電話がかかってくるのです。

この○○さんは、芸能人であったり、スポーツ選手であったりするのですが、現在バリバリに活躍をしている人ではないのです。特徴としては、20年くらい前に活躍をしていた方が多く、30代後半から40代の社長世代が子供の頃に憧れていた芸能人であったりスポーツ選手であるケースが多いのです。現在はメディアに出ていない芸能人でも、子供の頃に憧れていた人だと、つい会ってみたくなったりするのです。

それで取材をＯＫすると、悪質な業者の場合には、後から数十万円の請求書が届くのだそうです。名目は色々あるそうで「芸能人の交通費」「雑誌の定期購読料」「取材料」などなどです。

良心的なところは、先に請求金額の提示があるのですが、ひどい会社は、取材が終わるまで一切費用には触れないそうです。

取材にお金はかかりません

通常、雑誌や新聞などの取材を受ける場合には、お金は一切かかりません。ですから、取材依頼の電話があったら、お金が一切発生しないかを確かめたほうがいいのです。「取材は無料だけど、この雑誌を定期購読していただきます」なんてところもありますので、取材が有料か無料かではなく、一切こちらからの出費がないかを確認したほうがよいのです（図表11参照）。

しかし、「その取材の依頼が、通常の雑誌や新聞の取材だった場合には、担当者は気を悪くしないのか」とか考える方がいますが、その心配はありません。

無料で取材をしたい編集者の人達は、取材でお金を取る営業と勘違いされないことを考えています。実際、私がある雑誌の取材を受けたときの取材依頼の際には、「お金は一切かかりません」と先方から先に伝えてきました。

【図表 11】

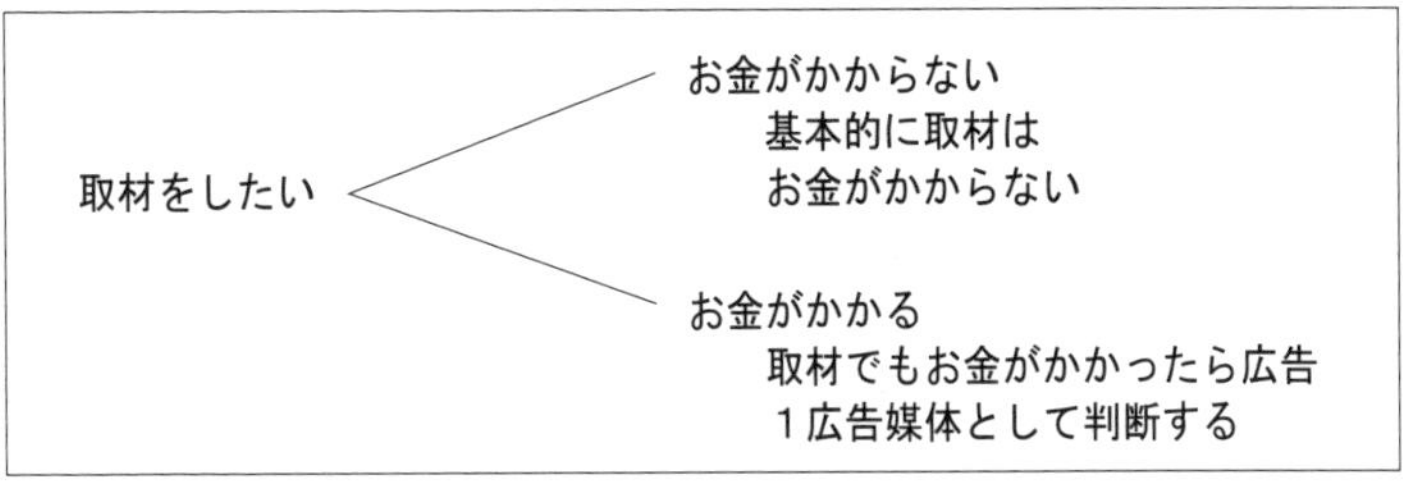
取材をしたい
お金がかからない
基本的に取材は
お金がかからない
お金がかかる
取材でもお金がかかったら広告
１広告媒体として判断する

起業１年目にかかってくることが多いらしい

実は、私の知り合いでも、「芸能人が取材に来ます」を受けた方がいました。その方から話を聞いたところによりますと、同じ取材を受けた会社は、起業1年以内の会社が多かったそうです。

確かに私が会社を立ち上げたときには、色々な会社の「芸能人が取材に行きます」の営業が毎週のようにかかってきていたのですが、２年目に入ったあたりから、そのような営業の電話もパタリと止みました。

実は「芸能人が取材に行きます」の営業電話に関しては、起業仲間の間でも話題に上がったりします。しかし、起業したての人は、「芸能人が取材に行きます」という業者の存在を知らないことが多いです。意図的にそこを狙っているのかどうかまでは私はわかりません。

お金を払うのは取材ではなく広告

基本的には、お金を払って取材を受けるのは、取材ではなく広告です。お金を払って取材記事のように書いてもらう記事広告という広告はあります。雑誌などで普通に広告を載せても、中々伝わらないことが伝わっていないケースがあります。そんな広告の打開策として、取材記事っぽくした広告を掲載するのです。それが記事広告です。

実は「芸能人が取材に行きます」ではなくても、「取材をしたい」との営業電話があり、よく話を聞くと記事広告の話だったというケースも少なくはないのです。

「取材がしたい」との営業電話がかかって、お金が発生するようでしたら、記事広告として判断すればいいのです。「果して、広告媒体として適切なのか」「ここに記事広告を出して、どのくらいの集客が可能か」などと、一つの広告媒体として判断をして、取材を受けるかどうかを判断すればいいのです。それこそ、色々な媒体を調べればよいのです。

当然時間がかかる話ですので、「この取材を受ける受けない」の返事は待ってもらえばいいのです。逆に回答を急かしてくるようでしたら、断ってもいいのです。


媒体価値を調べないでの広告出稿が一番危険

媒体を価値をよく調べないで広告を出してしまい、その広告から顧客が獲得できなかったという失敗例は多々あります。

よく「広告に空きが出たので今がチャンスです」と営業は言ってきますが、本当にチャンスの枠でしたら、もっと親しい広告主に声をかけると思いませんか。何故見ず知らずの人にテレアポ営業してくるのでしょうか。起業後に大切なことは、冷静な判断なのです。

◎ポイント　**テレアポ営業は、鵜呑みにする前に冷静な判断と相見積り。**

2　資格が死角になることも

資格を取得して独立とあるが

街を歩いていたりチラシ広告を見ていると「○○の資格を取得して独立」などという言葉をよく聞きます。確かに、資格さえ取れば独立は可能ですが、独立後に顧客が獲得できて経営が維持できるかどうかは別の話なのです。資格を取って独立しても、「顧客の獲得ができない」「経営がうまくいかない」なんて話は山ほどあるのです。

つまり、資格を取る勉強はしても、顧客獲得の勉強や経営の勉強はしていないので、資格を取って独立しても、「顧客の獲得ができない」「経営がうまくいかない」なんて話は多々あるのです。

ですから、「○○の資格を取得して独立」という習い事を見つけたら、「顧客獲得の方法は教えてくれるのか」「そのビジネスでの経営の方法を教えてくれるのか」などは聞いてみたほうがいいです。

そして、もし教えてくれないようでしたら、自分で勉強するしかありません。

また、「○○の資格を取得して独立」の習い事を習って、資格を取得してすぐに独立してしまう人がいます。しかし、すぐに独立してうまくいっている人は一握りです。

資格を取っても、独立する前に経営の勉強や顧客獲得の勉強をした上で、独立をすることをお勧めします。

同じ資格で独立する人が増えるのは同業他社が増えているだけ

「○○の資格を取得して独立」の広告を見て、「これを受けて独立したい」と思ったら、一度冷静になって考えてみてください。

「○○の資格を取得して独立」でその資格を取るということは、「この資格を取れば独立ができるのだ」と思った人がこの習い事を受け、その資格で独立していくのです。言い方を変えれば、簡単に同業他社が増えていくのです。

市場開拓をしないで同業他社ばかり増えたら、顧客の取り合いになって価格競争に突入します。そんな市場になってしまったら、新参者が勝てるわけがありません。

つまり、自分の受けたいと思った資格の歴史が古ければ古いほど、その資格で独立している人が多いということなのです。ですから、その資格で独立を考えるのであれば、同業他社との差別化を考えた上で、資格を取ったほうがいいのです。

また、集客に関してですが、それだけ同業他社が多いということは、簡単にできる集客方法は、皆やっていると思ったほうがいいのです。

ですから、資格を取ろうか考えている際に、自分にしかできない集客方法も考えていたほうがいいです。

◎ポイント　**独立できる資格を取っても、経営の勉強をしてから独立しよう。**

3　儲かるビジネスと儲けるビジネス

簡単に儲けられるビジネスは誰でも手を出す

私が起業支援の仕事をしていますと、よく「簡単に儲けられるビジネスを教えてください」という質問を受けます。楽して儲けようと思ってこのような質問をしているのだと思います。

このような質問を受けると、私は必ず「そんなビジネスはありません」と答えています。別に感情的に答えているのではなく、きちんとした理由があるのです。

仮に簡単に儲けられる商売があったとすれば、簡単に儲けられるので皆がそのビジネスに手を出すと思います。先ほどの資格の話とも被さるのですが、市場を開拓しないで同業他社が増えると顧客の奪い合いになり、価格競争に入ります。「価格を下げる＝利益が出ない」となり、結果的には割に合わない儲からないビジネスになるのです。

ですから、簡単に儲けられるビジネスがあったとしても、それは一瞬の話であって、長期で儲けられるわけではないのです（図表12参照）。

儲けられるビジネスは人には話さない

逆に考えてみてほしいのですが、もし自分が「簡単に儲けられるビジネス」を知っていたら、そ

【図表 12】

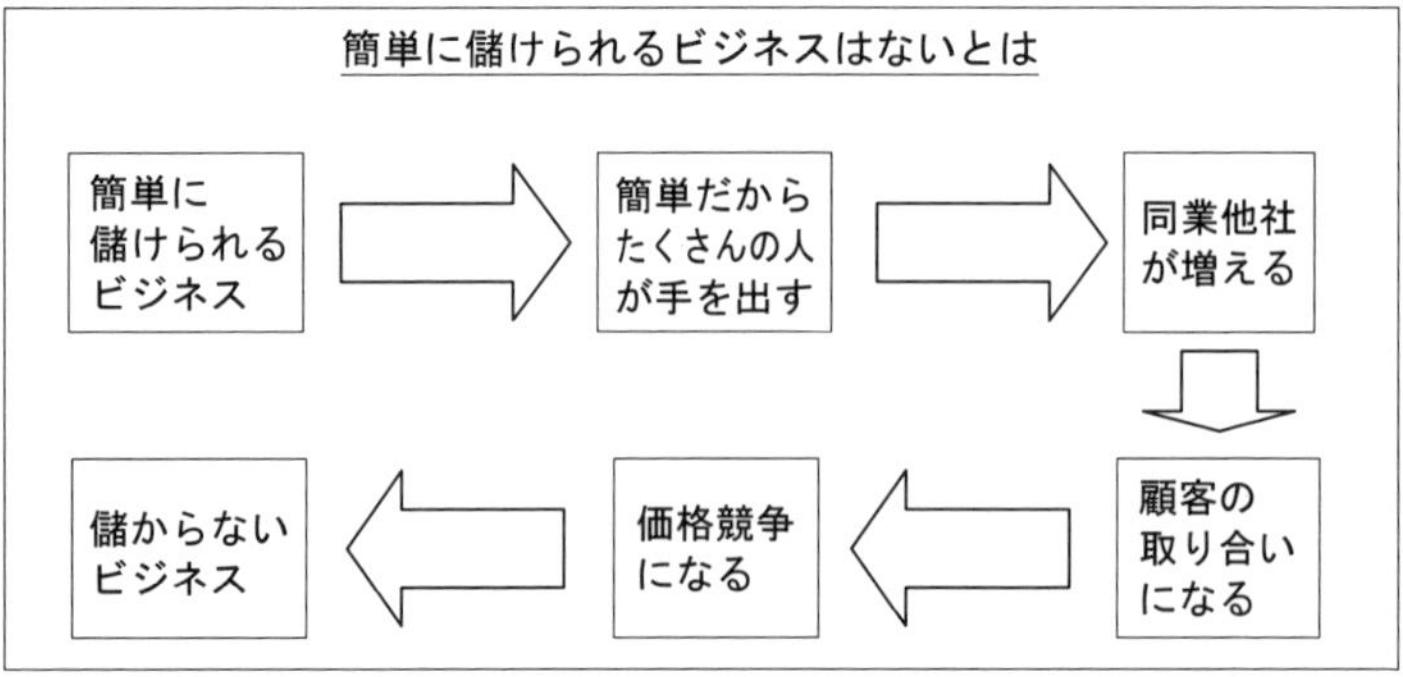

れを人に話しますか。

折角簡単に儲けられるビジネスを考えて実行したとしても、それを人に伝えて同業他社が増えたら儲からないビジネスになってしまいますから、普通は人には話さないで自分一人だけで儲けると思います。よって人には話しません。ですから、「簡単に儲けられるビジネスを教えてくれ」と聞くことが無駄なのです。

そしてもう一点、起業してから大切なこととして情報があります。実行も大切ですが、実行をする上で一番大切なことは、如何に情報を持っているかと、如何にその情報を使いこなすかです。「簡単に儲けられるビジネス」もいわば情報です。その大切な情報をただで教えてもらおうという魂胆が起業には向いていないかもしれません。ビジネスは、ふと思いついて実行してすぐに儲かるものではありません。

思いつく↓実行↓失敗↓改良↓実行↓失敗↓改良……

これを繰り返していくことによって、最終的には成功して「儲けられるビジネス」まで辿り着けるのです。この、実行の部分を何もしないで、「おいしい情報だけをもらって成功しよう」

【図表13】

儲ける	──→	内容より儲けること
儲かる	──→	人のためになることをやっていると自然と儲かる

などと考えていること自体が、成功できない人の発想なのです。

ですから、「簡単に儲けられるビジネスを教えてください」なんてことは質問しないほうがいいのです。

儲かると儲けるは違う

「儲けるビジネス」と「儲かるビジネス」は違うといわれています。パッと見では、お互い一緒のように思われますが、「儲ける」とは儲けるために起こす行動であり、「儲かる」とは別のことで行動を取り、結果として儲かるということです。

もう少しわかりやすく言えば、「儲ける」とは儲けるために行動を起こすわけですから、手段を選ばない儲けも入ります。

例えば、生活していく上では必要のない高価なツボを言葉巧みに売ったとします。

これは儲けるために、必要のない高価なツボを売りつけているわけですから、この行動は「儲ける」行動になります。「儲かる」とは、人のためになることをやっていると自然と儲かることをいいます（図表13参照）。


顧客は問題点の解決をしてくれるからお金を払う

私は、起業の基本は「自分にしかできない問題点の解決」と述べました。お客さんは、自分の抱えている問題点の解決をしてくれるわけですから、お金を払ってくれるのです。

そして「自分にしかできない」という他の人にはできない問題点の解決方法だからこそ、他には頼らずに自分のところに来てくれるのです。ですから自然と「儲かる」となるのです。

性根が悪い人で、最初から「儲ける」目的で起業する人はいます。「役に立たないものでも高く売ろう」とか、「騙すテクニックを身につけて高い値段で儲けよう」と、自分が儲けることしか考えない人です。

こういった人は、必ずどこかで足元をすくわれたり、仲間に裏切られたりします。性根が悪い人の周りには、性根の悪い人が寄って来るので、仲間内で裏切りや騙し合いがあってもおかしくありません。こういう人は、良い時期が仮にあったとしても、将来的に失敗しています。

儲かるで始めても儲けるに変わっていることも

そして、「自分は儲けるじゃない」と思っていたとしても、実は気をつけなくてはいけないことがあるのです。起業して、思ったように顧客が取れなかったりすると、当然ながら生活費に困ってきます。

そこで、生活費を何とかしようという思いが前面に出てしまうと、今まで「儲かる」で商売していたことが「儲ける」に変わってしまうことがあるのです。

本人は生きるために必死でやっているため、自分の行動が「儲かる」から「儲ける」に変わってもまったく気がつかないのですが、周りからは距離を置かれる存在になってしまい失敗します。

「人のためになる」「自分にしかできない問題点の解決」を如何に貫き通せるかが、「儲かる」に近づけるかどうかだと思います。

◎ポイント　儲けようという考えは一度外す。

4　おいしいビジネスは人には話さないもの

儲け話は信用しない

よく、「儲けられる話があるんだけど一緒にやらないか」と声をかけてくる人がいます。

先ほども述べましたが、本当に儲けられる話であればわざわざ人に話をしません。そのビジネスを一緒にやる人が増えることにより、儲けが減ってしまうから話す必要はないのです。

では、何故「儲けられる話があるんだけど一緒にやらないか」と声をかけてくる人がいるのでしょうか。答えは、誘った自分が一番儲かるシステムだからなのです。

例えば、「一緒に儲けよう」と言って投資ビジネスを勧めます。登録するだけで何十万円と支払うシステムになっており、知り合いを紹介することによって、その投資ビジネスの本体から紹介料がもらえたりします。

また、ネットワークビジネスだとしたら、誘ったほうが上、誘われたほうが下になり上下関係ができ、下になった人の売上の一部が上の人に流れる仕組みになっています。ですから、誘った人が儲けられるのです。

このように、「一緒に儲けよう」とは言うものの、本当に一緒に儲けることができる話はなく、誘った人だけが儲かるビジネスモデルなのです。

しかも、昔からの旧知の仲である人から勧められるのでしたら話はわかりますが、昨日今日会ったような人に、本当に「儲けられるビジネス」を勧める人はいません。

ですから、「儲けられる話があるんだけど一緒にやらないか」と声をかけられたら、「何故この人は私に儲けられるビジネスを勧めるのだろう」と冷静に考えたほうがいいのです。

ネットワークビジネスってどうなのよ

あるとき、ある勉強会で名刺交換をした主婦の人から私の携帯に電話がありました。その人は、ネットワークビジネスに誘われているそうなのですが、普通の主婦でネットワークビジネスについてはよくわからなくて、他に相談できる人がいないので電話をしてきたそうです。

「ネットワークビジネスはどうなのですか」という質問は何回かされたことがあります。このような質問が来ると、私はいつもこう答えています。

「マネジメントの経験がある方か、自分一人だけでたくさん売る力のある方であれば成功すると思います」

【図表 14】

マネジメントと同じ		一人でたくさん売る
自分	社長	自分
↓	↓	↓ ↓ ↓ ↓ ↓
A	部長	A A A A A
↓	↓	
B	課長	
↓	↓	
C	係長	

ネットワークビジネスはマネジメント

例えば、自分がいます。

自分が連れてきたパートナーの人達をAとします。

Aの人達が連れてきたパートナーをBとします。

Bの人達が連れてきたパートナーをCとします。

自分がリーダーになって、Aの人達を動かしBの人達を増やします。

そして、Aの人達がBの人達を動かし、Cの人達を増やすようにする必要があります。つまり、これは会社の階層と同じなのですよね。

自分が社長だと考えると、Aの階層が部長、Bの階層が課長、Cの階層が係長もしくは平社員。

つまり、ネットワークビジネスでうまくいくには、このような組織をつくっていかないといけません（図表14の左参照）。

そのため、大企業の部長や役員の経験者がネットワークビジネスをやると、うまくいくケースは多いのです。また、これらのマネジメントの経験がなくても、マネジメントの才能がある人はうまくいくと思います。

営業力があれば可能

では、マネジメントの経験や才能がない人はどうすればいいのかといえば、営業力さえあれば大丈夫です。ＡやＢなどの階層をつくることは考えずに、そのネットワークビジネスで取り扱っている商品をひたすら売る、ただそれだけです（図表14の右参照）。

ひたすら売っていると、その商品を買う人の中には、「自分も売ってみたい」と言ってくる人がいますので、その人にマネジメントのＡの部分になってもらうのです。

私が今まで見てきた中で、ネットワークビジネスでうまくいっている人は「マネジメントのうまい人」もしくは「営業力のある人」がほとんどです。もし、ネットワークビジネスに誘われた場合には、自分のマネジメント力と営業力を見つめ直した上で判断したほうがよいです。

ネットワークビジネスは連鎖販売法

私は、ネットワークビジネスについて批判をするつもりはありません。ビジネススタイルはたくさんあって、ビジネススタイルが合う人や合わない人がいてもおかしくはないと思いますので、ネットワークビジネスのビジネススタイルが合う人がネットワークビジネスをやればいいと思っています。

しかし、ネットワークビジネスをやっていると、やっているだけで嫌われてしまいます。ネットワークビジネスのことを、「ねずみ講」なんていう人がいますが、「ねずみ講」はそこに商品は発生していなく、人を誘っただけでお金がもらえるのです。

ですから「ねずみ講」とは大きく違いますし、ネットワークビジネスは連鎖販売法といって、きちんとした法律に定められた販売方法なのです。

それなのに何故嫌われるのでしょうか。

実は、ネットワークビジネスというビジネススタイルが嫌われているのではなく、ネットワークビジネスを勧めてくる人が嫌われているケースが多いのです。そして、ネットワークビジネスをやって嫌われるタイプは共通しています。

これは、普通のビジネスにおいても嫌われますので、反面教師という感じで紹介していきます。

「あなたの夢を実現するためにネットワークビジネスをやろう」という人

よく夢がある人にこのようなセリフを言って近づいてくる人がいます。このセリフを言う人は、ネットワークビジネスで定期収入が入れば固定給の仕事をしなくてすむので、夢を追う時間ができると言いたいみたいです。

しかし、ネットワークビジネスで定期収入が入るまでは時間がかかりますし、物凄い努力が必要です。夢を追っている人にとっては、固定給の仕事プラス夢を追っているのです。

さらにネットワークビジネスがプラスされたら夢を追う時間はなくなります。

「一緒にビジネスをやろう」という人

よく、一緒にビジネスをやろうと言って、ネットワークビジネスを誘う人がいます。

先ほども述べましたが、ネットワークビジネスで誘う以上、誘ったほうが上、誘われたほうが下になりますので、その時点で一緒ではないのです。

その商品が良いと譲らない。そして押し付ける

これだけ世の中に商品があれば、いい商品はたくさんあり、どの商品にも短所と長所は必ず存在します。

しかし、自分が扱っているネットワークの商品が良いと絶対に譲らない人がいて、最終的に押し付けてくるのです。これでは嫌われます。

人は、自分の意見を聞いてもらえないほど苛立つことはないのです。人の話を聞かないで、一方的に押し付けている時点で、ビジネスとしての才覚を疑ってしまいます。

しつこい人

何かしらの会合やら、セミナーやら、断っているのに何度も電話をして来たり、基本的にしつこい人が多いのも事実です。

私も以前、似たようなお誘いがあり断ったら、「姿勢が前向きじゃない」とか「商品を見ていないのに判断するのはおかしい」とか散々言ってきて無理にでも参加させようとするので、その人からの連絡は一切受けないことにしました。基本的にしつこい人間は嫌われます

以上が、ネットワークビジネスをやっていて嫌われている人の特徴になります。

自分が商品を販売する立場になった際に、こうならないように参考にしてください。

◎ポイント　おいしいビジネスの話がきたら疑うこと。

5　名ばかりのコンサルには騙されない

誰でもなれるコンサルタント

私が交換をした名刺を見て、一番多かった職業はコンサルタントです。コンサルタントといえば、経営コンサルタントやＩＴコンサルタントなど様々です。

コンサルタントとは、一般的には、顧客が抱える何かしらの課題を解決する方策を提供していることをいいます。

ですから、会社経営がうまくいっていない人の問題点を見つけて解決策を提案するのが経営コンサルタントであり、ＩＴ知識があまりない人に対してＩＴでの解決策を提案するのがＩＴコンサルタントです。

つまり、自分の得意分野を持ち、その得意分野で顧客が抱える問題点を解決することができれば、コンサルタントになれるのです。

ですからコンサルタントは、特にこれといった資格などは必要がなく、自ら称すれば誰でもコンサルタントと名乗れるのです。

しかし、コンサルタントの肩書を見るとついワンランク上に見てしまうため、○○コンサルタントと名乗る人は多いのです。

実力のないコンサルタントも多い

起業をして、苦手な分野に関してはコンサルタントにお願いするというのも手です。しかし、コンサルタントに頼んではみたものの、まったく実力がない人もいたりするので問題があるのです。

経営コンサルタントに頼む目的は、経営の改善です。実際に経営の改善ができなければ、お願いしている意味はありません。ですから、最終的に経営が改善されて初めて経営コンサルタントの存在意義が発揮されるのです。

しかし、そこまで責任を持たないコンサルタントもいるのです。

基本的に○○コンサルタントに頼むということは、その○○の部分がうまくいかなくて、ワラをもつかむためにコンサルタントに頼むのです。ですから顧客のゴールは、うまくいっていない○○の解決なのです。

しかし、○○が解決することではなくて、解決の提案がゴールであるコンサルタントもいるのです。

実績がすべてを語る

どうすれば責任を持たないコンサルタントに引っかからないのでしょうか。

要は、そのコンサルタントの実績を見ればいいのです。実績が公開されていなければ、聞けばいいのです。実績を出さないコンサルタントがいたら、それはチカラがない証拠です。

チカラのあるコンサルタントは、実績があるはずですので、その実績を頼りにコンサルタントを選んでいけばよいのです。

◎ポイント　コンサルタントにお願いするときは実績をみる。

6 「あなたのビジネスに役に立つ話」には気をつけろ

「あなたのお客さんを私にください」とアピールしてくる営業マン

人脈づくりで交流会などの人の集まる場に行くと、必ず出会うのが「あなたのお客さんを私にください」とアピールしてくる営業マンです。実際には、このセリフをこのまま言うのではありません。「御社のお客さんに、うちの商品を提案したら喜びますよ」「御社のお客さんのためになる提案ができます」「是非御社と一緒に組んで仕事がしたい」とまあ、こんな言い方で寄って来るのですが、わかりやすく言えば、「あなたのお客さんを私にください」なんですよね。

また、顧客が欲しいではなくて、「顧客になってほしい」と言って近づいて来る人もいます。要は、営業目的の人です。

こういった営業目的の人の特徴は、「色々と聞かせてほしい」とか、「情報交換しましょう」と言って、別途一緒に会う時間を取りたがります。実際に会ってみて、色々と聞いたり、情報交換した最後には、自分の商品やサービスの宣伝です。

営業を前面に出すと会ってもらえないので、「色々と聞かせてほしい」「情報交換しましょう」などのキーワードを使って、ハードルを下げて会ってもらおうとしているのです。

共通点はハッタリくん

こうやって人の色々なものを奪っていく人達に共通しているのが、ハッタリばかり言っているハッタリくんが多いのです。

例えば、「前の会社で営業成績が一番で」とは言うのですが、前の会社名を教えないのです。調べられると困るのでしょう。営業マンが一人しかいない規模でしたら、営業成績は一番でしょうし、営業マンがたくさんいた場合には、「営業で一番を取った」は嘘のため、調べられたくはないのでしょうね。

また、「こんなことやった人と知り合いなんです」と知り合いの自慢ばかりする人もいます。こういう人に限って、自分の自慢はしない。いや、自分に自慢するものがないため、知り合いを自慢するしかないのですよね。「こんな凄い人を知っている」と、凄い人を知っている自分も凄いと言いたいのでしょうが、自分に実力と実績がある人間からみたら「そういうあなたはどうなのよ」というのがバレてしまい相手にされません。

こういった人達は、自分に実力と実績がないため、如何に自分を大きく見せようかということしか考えず、ハッタリばかり言っているのです。

本当に実力がある人は、自分は凄いんだアピールはしません。ですから、聞いてもいないのに「自分は凄いんだアピール」を始める人は、ハッタリくんの可能性がありますので気をつけましょう。

◎ポイント　大きなことを言っている人には気をつけること。

7　成功する事業計画ではなく、失敗しない事業計画をつくる

希望的観測の売上計画は危険

事業計画をつくる際に、一番重要なことはどれだけ正確な売上計画を立てることができるかということです。

起業独立する際に、今まで自分が働いていた業界において起業をするのでしたら、どのくらいの営業でどのくらい顧客が獲得できるというものが肌感でわかるからいいのですが、今までの仕事とは関係ない分野での独立となると、どのくらいの営業でどのくらいの顧客が獲得できるということがわからないので、希望的観測でしか売上計画が立てられなくなってしまうのです。

実はそういう事業計画が一番危ないのです。そうなると、希望的な数字ですので、実態とは離れた数字となってしまい、フタを開けても売上計画に届いていない現状が起きてしまうのです。

参考になる株式公開企業のＩＲ情報

事業計画をつくる際に一番大切なことは、実現性のある数字で事業計画を立てることです。実際にそんなときに、自分が起業したい業界で、既に起業している先輩に声を聞くことができれば、非常に参考になりますが、そのようなツテがない場合には困ります。そこでお勧めなのが、自分が独立起業したい業界で、既に株式公開している会社のＩＲ情報を研究する方法です。

株式公開企業は、会社の業績や決算書を公開する義務があり、その会社のホームページに行けば、ＩＲ情報として閲覧することが可能です。株式公開企業は、自社の株を買ってもらいたいため、ＩＲ情報には業界のことなどがわかりやすく書いてあります。

例えば、ＩＴ企業の株を買いたい人が、ＩＴについて詳しいとは限りませんので、ＩＴのことがわからない人でも理解しやすいようにＩＲ情報を書きます。このように、その業界に詳しくない人でもわかりやすいように、業界規模や数値が書かれているのです。

どのような営業をすればどのくらいの売上につながるのかという情報がわかりますので、事業計画を作成する際には、自分が独立起業したい業界の株式公開企業のＩＲ情報を参考にするとよいのです。

ストックビジネスとフロービジネス

事業計画をつくる時点で、収入フローは考えたほうがいいです。ここで上げるのは、ストックビジネスとフロービジネスです。

ストックビジネスとは、ほぼ毎月決まった収入が入ってきて、契約者が増えれば収益も増えていく事業のことであり、フロービジネスは、売上の増減が激しく、取引が一度きりというビジネスです。

ストックビジネスは、携帯電話とか家賃、スポーツジムなど、毎月発生するため、ある程度収益の見通しもつき、また事業の安定性も高いので、手堅いビジネスといわれています。

フロービジネスは、スーパーとか飲食店などその場限りのビジネスで安定性はないのですが、爆発的な売上増が期待できるビジネスでもあります。しかし、持続力がないため、売り時を間違えると大変ですが、業績が絶好調のときに売り抜ければハイリターンが期待できます。

逆にストックビジネスでは、爆発的な売上増は期待できません。

このように、ストックビジネスとフロービジネスでは良し悪しがあり、ビジネスの内容によっては、ストックビジネス向きとかフロービジネス向きがあります。しかし、ビジネスとして加速させるための方法として、ストックビジネスでも爆発的な売上増が期待できる要素を加えたり、フロービジネスでも安定するような方向に持っていったりします。

フロービジネスで売上を上げるには

例えば、スーパーなどは完全なフロービジネスですが、会員制度やポイント制度を取り入れることにより、同じ顧客に定期的に来てもらうようにして、ストックビジネスまではいかないが、安定して収益を上げられるようにします。

また飲食店などで、会費制で月にいくらか支払い、「毎月〇〇円までは無料」みたいなサービスをやっているところもあります。

フロービジネスでは、会員制度などをつくり、如何に固定収入を確保して安定化させることができるのかがカギになります。

ストックビジネスで売上を上げるには

ストックビジネスでは、会費などによる固定収入にプラスして、爆発的な売上増ができる物をプラスできるかです。

例えば、ストックビジネスで抱えている会員に対して、フロービジネスで扱うように、商品を会員価格で販売することです。会員からみれば、普段では買えない値段で買えるから魅力的ですし、企業からみても会費による安定収入にプラスして、商品の販売収益がプラスされるわけですから、売上が上方修正されます。

これも、会員が買ってくれないと意味がないわけですから、月会費で利用しているサービスに関連している商品を売るのが一番です。

スポーツジムであれば、会員価格でスポーツ関連の商品が買える。○○の会員制ファンクラブであれば、ファンクラブ価格の○○グッズなどです。

このように、ストックビジネスでも爆発的な売上増が期待できる要素を加えたり、フロービジネスでも安定するような方向に持っていったりすることによって、ビジネスを加速することが可能になります。

集客サービスと収益サービスをつくる

またサービスなどにおいて、集客サービスと収益サービスをつくったほうが良いということを知っておいてください。

例えば、レストランなどのメニューの中の商品で、メインメニューを集客サービスとして、利益率は低くても人気の商材などを利用することにより、集客で顧客を呼ぶことを目的とします。そして、メインメニューへのトッピングやサイドメニューは、原価が非常に安く収益を目的とした収益サービスとしてつくります。

このように集客サービスと収益サービスを設定したほうがいいのです。

現金が残るビジネススタイル

起業をした場合には、如何に現金が手元に残るかを考えなくてはいけません。

例えば、「商品を販売できたが、その代金が貰えるのが6か月後です」では、経営上非常に困ります。商品の販売、もしくはサービスを提供して、いかに早く支払いをしてもらい、現金を手元にストックできるかです。ですから、支払いに関しては前払いか現金払いにするのが一番いいのです。

このように、事業計画書を作成する段階で会社経営を考えたサービス構成を考えると、より安定した事業計画書が作成できるかと思います。

◎ポイント　**収入フローを考えた事業計画書をつくること。**

8　失敗した起業家が踏んだ地雷とは

見切りをつける勇気

私がレンタルオフィスを経営していたときに知り合いになった癒し協会代表の中沢たかよさんは、毎月「癒し」をテーマにした体験型イベントとしてプチ癒しフェスタを開催しています。

元々中沢さんは、美容・健康関係の通販をしていたのですが、売れなくて悩んでいたところ、知り合いに「今売れている物を売ったほうがいい」というアドバイスを受け、癒し系を求める人が多いことと、自分もアジアンテラピーのセラピストであることから、マッサージ師や占い師などの癒し系ビジネスの方々を集めて始めたことがプチ癒しフェスタの原型になっているそうです。

「今売れている物を売ったほうがいい」というアドバイスのお蔭で、美容・健康関係の通販に見切りをつけて、別の方向に目を向けたのが良かったのだと思います。

事業を継続している起業家の特徴として、事業に対して見切りをつけることが上手い人が多いです。

逆に、失敗している起業家を見ていると、利益が出ていない事業なのに「投資額が大きかったから」と言って継続をしていたり、見切りをつけられない人が多いように感じます。

二兎追う者は一兎も得ず

起業してみたものの、本業がまったくうまくいかず、他の事業に手を出す人がいます。「本業を補うため」と別の事業に手を出すのですが、元々本業がうまくいっていないのに、別の事業に手を出してもうまくいくはずはありません。

本業・副業で成功するパターンとしては、本業で得たお客さんに副業を紹介するというパターンです。

例えば、ライフプランナーを本業としてスタートして、副業として保険を始めたとします。まずはライフプランナーで顧客を得て、その顧客に対して保険を勧めます。

または、スタイリストを本業としてスタートして、副業で婚活事業を始めたとします。この場合は、スタイリストで本業をスタートして、その顧客に対して婚活事業を勧めます。両方のパターンとも、本業で顧客を得て、その顧客に対して副業を勧めているのです。これが本業・副業で成功するパターンです。

しかし、失敗するパターンとして、本業がうまくいっていないのに副業に手を出すというパターンです。

本業がうまくいっていないのに副業に手を出してしまうと、本業で客がついていないため本業のお客さんを副業に紹介できないのです。そして本業・副業と分散してしまうのです。

そして、起業して本業がうまくいかない場合に、すぐに副業に手を出そうとする人が多いのです。本業にしても、何かをスタートして一発でうまくいくことなんてありません。それをうまくいかすために、様々な角度からチャレンジをして、やっと当たりを見つけるものなのです。

それなのに、本業がうまくいかないと言って副業に手を出すと、様々な角度からチャレンジをすることをしませんので、当たりを見つけることができないのです。本業がうまくいっていないのに、副業に手を出し続けている人で、うまくいっている人はあまり見たことがありません。

自分が見えていない

仕事柄たくさんの人を見てきましたが、自信のある人は自信があるが故に努力をしないから失敗しているケースを見かけます。逆に自信のない人は、自信がないが故に努力をしており、結果成功しているケースを見かけます。

自分に悪いところはないと思っている人は、悪いところがないのだから反省をしないので、悪いところが改善されることはないのです。

逆に自分に悪いところがあると思っている人は、自分の悪いところをすぐに見つけて改善するので、徐々に良くなっていくのです。

つまり、自分の欠点を知っているというのは、その人にとって弱みではなく強みなのです。自分の欠点を知っているということは、欠点を知っているのでその欠点を補うことができます。

しかし、自分の欠点に気がつかない人は、自分に欠点がないと思っているので、欠点を探そうとはせずに欠点がほったらかしになっているので、最終的には欠点を補うことができないのです。これは、何においてもいえることなのですが、起業においても同じことなのです。

【図表 15】

失敗した起業家が踏んでいる地雷
・うまくいっていないのに見切りをつけられない ・本業がうまく行っていないのに副業に手を出す ・自分の実力が見えていない ・リスクの妄想にとらわれている ・そもそも起業には向いていなかった

リスクの妄想には気をつける

もし目の前に1メートルの溝があった場合、その溝を簡単に飛び越えることができると思います。しかし、この1メートルの溝が、30階建てのビルとビルの間の溝だったらどうでしょうか。地上にある1メートルの溝は、多くの人が簡単に越えることができますが、30階建てのビルとビルの間の1メートルの溝は、多くの人が躊躇してしまうと思います。

人は、いつもは問題なくできることでも、必要以上にリスクを妄想してしまうと普段できていることすらできなくなってしまうのです。ですから、色々な情報を得て頭でっかちになってしまっている人は、情報を持っている割にはまったく動かなかったりします。

逆に、情報を持っていないのに、やけに動きが活発な人がいます。このような人は、悪い情報も持っていないのでリスクを妄想しないのです。

起業をする場合は、情報があるのとないのでは情報を持っているに越したことはありませんが、悪い情報も持ちすぎてリスクを妄想してしまい足を引っ張ってしまっては、元も子もありません。

特に大企業にいて会社をやめて独立した場合には、リスクばかり気にして、本業がうまくいっていないのにリスク対策に時間やお金ばかり使ってしまう人がいます。リスクを妄想しすぎると、本業よりもリスク対策に時間やお金ばかり使ってしまい、失敗することがあります。
リスク対策も大切なことですが、妄想しすぎるのはよくないです。

そもそも起業には向いていなかった

そもそも起業に向いていない人もいます。その人は「こうやったら起業でうまくいきますよ」という話を聞いても、何故かうまくいくことはないのです。そういう人は、そもそも起業には向いていない性格の場合があります。

ですから、起業を諦めるか、その性格を変えない限り、小手先のテクニックをいくら学んでもうまくいくことはないのです。

では、どんな性格の人が起業に向いていないのかを見ていきます（図表16参照）。

強きを守り弱きをくじく

よく、弱きを守り強きをくじくという言葉を聞きますが、その逆の人がいます。

会社でたとえるとわかりやすいのですが、上司にヘコヘコして部下に威張り散らす人です。実力のない人に多い傾向です。自分より上の人の前では、いい顔ばかりするのですが、上の人間がいなくなったとたん、偉そうにふんぞり返ったり、「俺はこんだけ凄いんだ」と威張ったり、無意味な説教をしたりするのです。

起業をして仕事を取っていくのは、その人の魅力です。魅力のない人間のもとには仕事は来ませ

【図表16】

起業に向いていない性格
・強気を守り、弱気をくじく ・愚痴が多い ・動かない ・うるさい ・人の気持ちになれない ・起業イコール儲け

ん。強きを守り弱きをくじいている時点で、その人は傍から見て魅力のない人ですので、仕事が取れないのです。

愚痴が多い

成功する人は愚痴を言いません。なぜかといえば、嫌なことがあったら、自分で動いて変えてしまうからです。基本的に愚痴を言う人というのは、自分で変える力がない。変えようともしない。すべては他人の責任で自分は関係ない。だから愚痴を言うのです。

起業というのは、「今のままだと不便だから、不便な部分を自分が変える」など、今あるものを変えて便利になるからこそ、そこにお金が発生するのです。つまり目についたものを積極的に変える人は起業に向いていますが、悪いと思った部分を変える努力もせずにブチブチ言っている人は起業には向きません。

動かない

世の中には数多くの成功本が出ていて売れているのに、何故成功者がそんなにいないのか。答えは簡単で、「読んでためになった」で終わってしまい、読んだことを実践しない人が多いからなのです。いくらいい知識が頭に入っても、その知識を実践しない人はうまくいきません。

実践するということは、今ある日常生活を変えることです。要はそれができていないのです。

起業は、今ある生活の延長上でやろうとしたってうまくいきません。日常生活が大幅に変わることも多々あります。動かないということは、前に進まないことです。

うるさい人

一緒に喋っていてうるさい人がいます。これはよく喋る人とは違います。要は話を聞く側の人のことなのですが、聞く側にとってためになる話をたくさん話してくれる人は、話していて楽しい人なのです。聞く側にとって興味のない話ばかりしている人は、うるさい人なのです。

よく、誰も聞いていないその人自身の話や大したことのない自慢話を、永遠に話している人がいます。こういうことをやっていると、うるさい人として扱われます。要は、人と話すときに、聞く人のことを考えて話してあげているかということなのです。

起業して、顧客にサービスや商品の説明などをする際に、「聞く人のことを考えて話してあげること」が一番大切なんです。よく営業マンで、聞く人のことは考えずに、自分の売りたい商品やサービスのことしか話していない営業マンがいます。

こういう営業マンは、大抵お客さんの獲得ができていません。

それと同じで、聞く人のことを考えて話してあげないで、自分の話ばかりしている人は起業には向かないのです。

人の気持ちになれない

よく、人の気持ちになれない人がいます。こういった人も起業には向きません。人の気持ちになるとは、顧客目線で考えるということです。顧客目線で考えられない人は、顧客目線のサービスや商品を提供できないわけですから、起業してもうまくいかないのです。

人の気持ちになれない人とは、自分のことしか考えられない人なのです。もうちょい言い方を変えれば、「自分さえよければいい人」でもあるのです。

こういう人が起業しても、すべて自分目線ですので「こうやってこうやったらいくら売れていくら儲かる」など、そのサービスを受ける人のことは考えずに、金勘定ばかりやっています。

起業イコール儲け

「起業とは自分にしかできない問題点の解決」と述べましたが、ビジネスとは顧客の問題点を解決してあげることであって、それが自分にしかできないから儲かるのです。儲けが先行するとうまくいきません。

ここがわかっていないで、儲けることばかり考えているとうまくいきません。私のようにサラリーマンから起業した身で考えてみれば、お金が欲しいのでしたら、サラリーマンのままで支出を減らしたほうがよっぽどお金は溜まります。事業を継続させている起業家の方は、貰えるお金ではなく、起業を通して世の中をどうしていきたいかがはっきりしている人が多いのも事実です。

◎ポイント　弱点を克服するには、弱点を把握ることから。

9　金の切れ目が事業の切れ目

資金ショートは避けないといけない

起業した際に一番注意しなければいけないことは資金です。どんなによいサービスでも、資金がショートしてしまったら事業の継続はできなくなってしまいます。

そこで、資金の調達方法なのですが、様々あります。日本政策金融公庫など、公共機関からお金を借りる、信用保証協会の保証をもらって銀行からお金を借りる、キャピタルに投資をしてもらう、などなどです。

借りたお金は返さなければいけません。しかし、返さなくてよい資金調達源があるのです。それが助成金です。

助成金は返さなくてもいいのだが

「助成金は返さなくてもよいお金」との認識があるので、起業した際に助成金を欲しがる人はたくさんいます。

私がレンタルオフィスを経営していた際に、助成金のセミナーを開催すると、毎回満員になっていました。そのくらい助成金は起業したい人にとって興味があるのです。

しかし、セミナー参加者のアンケートを見ると、現実を知って落胆する声もチラホラ記載されていました。どういうことかというと、ほとんどの助成金が、人を雇うことを前提にしているものが多いのです。

助成金とは、一般的に厚生労働省所管で取り扱っている支援金のことです。

厚生労働省とは、社会福祉、社会保障、公衆衛生および労働者の働く環境の整備、職業の確保などに関する任務を担当する国の行政機関ですので、助成金は厚生労働省が雇用を促進させるために行っている施策なのです。

ですから、どうしても人を雇うことが前提のものが多くなってしまうのです。

起業時に、人の雇用が前提の職種の場合には、「折角雇用をするのでしたらもらえるものは貰っておこう」という発想で助成金をもらうのは良いかもしれませんが、最初は雇用の予定がないビジネスモデルの場合には、役に立つ助成金は少ないのです。

人を雇わなくても貰える助成金もあるが

ただ、人を雇わなくても貰える助成金もあります。

私がレンタルオフィスを経営しているときに知り合いになったコンクリエイトの新井真理以さんは、所属している区の「区を活性化する企業や団体に対する助成金」に応募して、事業計画書や資金計画等による書類審査や、公開プレゼンなどを得て、必要な費用の一部を助成してもらったそうです。

このように人を雇うのを前提としない助成金もあるのです。これは、区や県などによって様々な助成金がありますので、住んでいる地域の助成金を調べてみたほうがいいです。

先ほど、助成金の話を聞いて落胆している人が多いと述べましたが、要は助成金に関して勘違いをしている人が多いということです。助成金に関して「貰えるお金」と考えるのではなく、読んで字のごとく、事業をやっていくときに発生したお金の一部を「助成してもらう」と考えておかないと、現実を知ると落胆してしまうかもしれません。

固定費をなるべくかけないこと

資金のショートを防ぐには、普段からどのように効率よく費用を投資していくかだと思います。

事業においてかかる費用として、固定費と変動費があります。固定費とは、売上に関係なく発生する費用です。変動費とは、売上と一緒に変動する費用です。

例えば、月20万円の店舗を借りて商売した場合、売上があってもなくても月20万円の支出は変わりません。また、その店舗の店番として従業員を雇えば、同じく売上の有無に関係なく人件費は発生してしまいます。

しかし、商品を仕入れる原価は違います。100個仕入れて100個販売できれば、100個分の支出はあるけれども、100個分の売上があります。200個仕入れて200個販売できれば、200個分の支出はあるけれども、200個分の売上もあります。つまり、売上によって変動する支出になりますので、これは変動費です。

変動費は、売上によって変動するので変動費の支出が増えても売上に結び付くのでいいのですが、固定費は売上に関係なく発生する支出ですので、なるべくなら抑えたい支出になります。

つまり、起業したてで売上見込みが立っていない状態では、如何に固定費を抑えられるかにかかっています。

なるべく人は雇わない

起業したばかりで、まだ顧客が一人もいないときに、電話番や留守番が必要といって人を雇ってしまう人がいます。

店舗などで、常時人の出入りできる施設の場合でしたらしょうがないのですが、そうでない限りは、固定費はかけたくないので、なるべく人は雇わないほうがよいのです。

電話であれば、電話秘書代行サービスというものがあります。これは、業者より割り当てられた電話番号にかけると、業者が自社名で電話を取ってくれるのです。そして内容を聞いて折り返しの対応をしてくれます。

また、経理の会計ソフトへの入力作業などでも、経理経験者を雇うよりも、経理入力代行の業者に任せてしまったほうが固定費は抑えられます。

最近では、○○代行と日常業務を代行してくれる業者が増えています。このような代行業者にお願いすることにより、売上のないうちは、なるべく人を雇わないで固定費をかけないことを考える必要があります。

業者なら簡単に変えられる

また、業者にお願いしている場合には、対応が悪ければ業者を変えてしまえばいいのですが、人を雇ってしまって、雇った人の態度が悪かった場合、そう簡単に人を変えることはできません。

雇われ人は労働基準法に守られているので、雇ってみて仕事ができなかったからといって、簡単に変えることはできません。実際に人は面接だけではわからず、雇ってみないとその人の本質や仕事のできる・できないはわからないものです。

会社規模が小さい場合には、仕事のできない人を雇ってしまったがために事業全体が足を引っ張られてしまうこともあります。

知り合いの紹介には気をつける

特に人を雇う場合には、知り合いの紹介には気をつけたほうがいいです。よく起業して人を雇おうとすると「知り合いの誰々が職に就いてないので雇って欲しい」といわれたりします。私も「知り合いの紹介」を雇って大失敗したことがあります。

転職サイトに広告を出す費用を考えると、知り合いに紹介してもらったほうがよいように思いますが、たくさんの中から選ぶということができません。

また、紹介した人は、知り合いの中でのナンバーワンを紹介しているのであればいいのですが、多分、身の回りにいる仕事にあぶれている人を紹介しているのです。つまり、知り合いの紹介で紹介される人は、普通に転職活動しても転職できない人が多いのです。

知り合いの紹介で、身の回りにいるナンバーワンを紹介してもらいたければ、相当よい労働条件を出さないと無理です。身の回りでのナンバーワンになれるような逸材は、それなりの職位についているケースが多いからです。

◎ポイント　起業当初は固定費をかけない努力をすること。

10　バーチャルオフィス活用術でコストダウン

オフィスを借りたくないし自宅住所は書きたくない

先ほど、固定費をかけないほうがよいと述べましたが、固定費で一番の悩みどころはオフィスです。売上がないのにビルのオフィスを借りてしまうと、固定費が一気にかかってしまいます。だからといって自宅の住所を名刺やホームページには書きたくないものです。

そんなときに活用できるのがバーチャルオフィスです（図表17参照）。

バーチャルオフィスを利用すると、その契約したバーチャルオフィスの住所を名刺やホームページに書くことができるのです。自宅の住所を出さなくてもよいし、ビルなどのオフィスを借りなくてもよいので、最近は起業時にバーチャルオフィスを利用する人が増えてきました。しかし、バー

【図表17】

バーチャルオフィスのメリット
・値段が安い ・自宅住所を表に出さなくてもよい ・都心の住所が利用できる ・郵便物を受け取ってもらえる

チャルオフィスは便利な反面、振込詐欺の犯罪などの住所としても使われるケースが多く、負のイメージがついてしまっているのも事実です。

私がレンタルオフィスを経営していた際に、「別のバーチャルオフィスを契約していたが、そのオフィスが犯罪で利用されてしまったため、住所を検索されると仕事が取れないため、御社のバーチャルオフィスのサービスに変更したい」という相談も受けたことがあります。バーチャルオフィスは手軽な反面、そのようなリスクも一緒につきまとうのです。

そんなリスクを回避しながら、バーチャルオフィスをうまく利用していく方法を、レンタルオフィス・バーチャルオフィスを経営していた目線から紹介していきます。

犯罪者と同居しないためには

自分が利用している住所と振込詐欺の住所が同じになったというのが、一番きついです。

振込詐欺の住所に使用されると、インターネット上の掲示板やブログに、「この住所は詐欺の住所です」と書かれてしまいます。こうなると、自分の借りている住所を検索すると、「この住所は詐欺の住所です」の記事にひっかかってしまうことが多いのです。

事業を開始して新しくお客さんが獲得できそうなときになったときに、そのお客さんがオフィスに行こうと住所を検索するのです。そのときに「この住所は詐欺の住所です」の記事が引っかかると、社名が違っても「怪しいのでは」と思わせてしまい、獲得できそうなお客さんも離れてしまう可能性があります。

そうならないためには、バーチャルオフィス契約前に、その住所が犯罪などで使われた実績がないかどうかを調べる必要があります。

方法は難しくありません。利用を検討しているバーチャルオフィスの会社に住所を聞いて、その住所をインターネットで検索すればいいのです。検索して出てきたページを３ページくらい調べて、「この住所は詐欺の住所です」の記事に引っかからなければ大丈夫です。

契約するまで住所を教えないバーチャルオフィスは要警戒

また、検討しているバーチャルオフィスの会社に住所を確認した際に住所を教えてくれないバーチャルオフィスがあります。教えてくれない理由としては「契約しない人に住所を使われないように、契約するまで教えないのです」と言っているところがほとんどです。

しかしバーチャルオフィスを運営する側からいえば、別にそれはリスクでも何でもないのです。勝手に住所を利用されて、契約のない名義での郵送物が届いたら、差出人に突っ返せばいいのです。

また、その名義人をインターネットなどで検索して探し出して、地方裁判所に住所無断利用による少額訴訟の手続を取ることもできます。また、これは契約終了後でも住所を使い続けている人にもいえることです。

それに、バーチャルオフィスで住所を借りる必要として、何かその住所に郵送物が届いた際に受け取るためだと思います。仮に契約しないでその住所を使ったとしたら、その住所に郵便物が届いても受け取ることはできません。困るのは契約しないでその住所を利用したその人です。

このようなことから総合すれば、「契約しない人には住所を使われないように住所を教えない」というのは、バーチャルオフィス事業者にとってはリスク対策でもないのです。

ですから、契約前に住所を教えてくれないバーチャルオフィスは、検索して調べられるとまずい何かがある可能性がありますので、警戒したほうがいいです。

そのバーチャルオフィスは契約者の顔を見ているか

電話だけ、インターネットだけで契約できるバーチャルオフィスも警戒したほうがいいです。

要は、契約者と一度も顔を会わせないで契約ができてしまうバーチャルオフィスです。

振込詐欺などは、犯罪者が直接契約をするわけではなく、名義を買ってその名義でバーチャルオフィスを契約をするのです。例えば、山田太郎さんが名義を売ります。そのときに免許証なり住民票を犯罪者に渡すのです。山田太郎さんの名義を買った犯罪者は、その免許証なり住民票を持って山田太郎としてバーチャルオフィスを契約するのです。

ですから、顔を合わせないと契約ができないバーチャルオフィスは避けるべきです。実際に「この住所は詐欺の住所です」に出てしまっているバーチャルオフィスのサイトを調べると、顔を合わせることが必須になってないバーチャルオフィスが多かったりします。

審査をしているバーチャルオフィスかどうか

バーチャルオフィスを契約する際に、契約時の審査を行っているバーチャルオフィスかどうかは事前に調べたほうがいいです。

契約する際に、「自分が審査に落ちるのが怖い」と言って、あえて審査のないバーチャルオフィスを選んだりします。しかし、審査がないということは、誰でも契約ができるバーチャルオフィスのですので、当然ながら犯罪で利用目的の人も契約しやすい環境でもあります。バーチャルオフィスで行う審査は、お金を貸すわけではないので、「利益を上げれるビジネスかどうか」を判断するわけではありません。

審査では、そのビジネスでこの住所を利用しても大丈夫かどうかを判断するのです。バーチャルオフィスの経営者から見れば、何をやるのかわからない客には住所の利用は許可したくないものです。ですから、まともなビジネスで起業するのでしたら、あえて審査のあるバーチャルオフィスに行き、審査ではビジネスの内容を具体的に話せばいいのです。具体的であればあるほど、審査は通りやすくなるからです。

バーチャルオフィスだと銀行口座が開設できない

バーチャルオフィスを犯罪者などが利用する関係で、バーチャルオフィスを利用しての銀行口座の開設が厳しくなっています。しかし、株式会社名での銀行口座がないと仕事になりません。

そこでどうすればよいかですが、まずは自宅住所で法人登記をするのです。これは自宅が持ち家かどうか、賃貸なら登記可能な契約なのかを調べる必要がありますが、可能であれば自宅で法人登記をして、その法人登記簿を持って銀行で口座開設をするのです。

口座開設をした後に、自宅で登記しているのに不都合なことがありましたら、バーチャルオフィスなどを借りて登記変更をすればいいのです。そのやり方だと、登記簿に自宅住所が載ってしまいますが、どのやり方でも登記簿には代表者の個人住所は載ってしまいますので、リスクはあまり変わりません。

オフィスを持っているバーチャルオフィスを選ぶ

特にバーチャルオフィスだけのサービスを行っている会社に多いのですが、住所だけでオフィスを持っていない、もしくはオフィスを見せないバーチャルオフィスも多いのです。

サービスを利用して名刺に住所を記載しますと、名刺交換をした後に急に訪ねてこられることもあります。

その際にオフィスを持っていないバーチャルオフィスのサービスを利用していますと、訪ねてきた人に対して不信感を与えてしまいます。

ですから、そのバーチャルオフィスが、フリースペースなり、会議室など会員が使用できるスペースを持っているかどうかは重要になります

【図表18】

お勧めしないバーチャルオフィス
・契約前に住所を教えない ・顔を合わせないで申込みができる ・審査をしていない ・オフィスを開放していない

バーチャルオフィスに関しては契約をする前に、一度「内覧したい」と申し出たほうがいいです。オフィスを持っているバーチャルオフィスでは内覧をさせてくれますし、内覧をさせてくれないバーチャルオフィスはオフィスを持っていないバーチャルオフィスの可能性があります。

内覧をさせてくれないということは、内覧をさせてくれない何かがあるのですから、その何かは聞いたほうがいいです。

状況に合わせた貸しオフィスの利用

このような貸しオフィスのことを総称的にレンタルオフィスと呼ばれていますが、正確にはオフィスを貸し出す内容によって呼び方が違います。起業する際の規模や内容によって使い分けることをお勧めします。

まずはレンタルオフィスです。レンタルオフィスとは、一人の人がデスクワークできるスペースのブースを貸し出しているサービスのことを指します。自分の借りているブースを自分のオフィスとして利用することができ、ブース内で接客をしたり荷物を置きっ放しにすることができます。月10万円近く費用が発生しますので、固定オフィスを持てるだけの利益が出ている方にお勧めします。

次に自分の固定スペースを持たないで、フリースペースを複数名で共有するのがシェアオフィスとコワーキングスペースです。

シェアオフィスとは、レンタルオフィスを提供している業者が、空いているスペースを複数名が共有して利用できるシェアオフィスとしてサービスしているケースが多いようです。

一方、コワーキングスペースは、フリースペースを共有スペースとして利用することを前提としてつくられています。わかりやすくいえば、図書館の自習室や喫茶店のような感じです。コワーキングスペースを契約している会員が、好きなときに来て空いている席で仕事をするというものです。

喫茶店や図書館の自習室との違いとしては、利用している人がすべて仕事目的だということです。月1万円~3万円が相場で、自宅以外の接客やデスク作業を求めている方にお勧めです。

そして最後は、何度も出て来ているバーチャルオフィスです。バーチャルオフィスは、住所のみを貸し出すサービスになります。

ですから、その住所にオフィススペースの貸出がなくても、住所さえ貸していればバーチャルオフィスというサービスになります。

大きく分けますと、先のレンタルオフィスやシェアオフィスの事業者が、一緒にバーチャルオフィスを提供しているケースと、バーチャルオフィスのみしか行っていない業者の二つです。先ほども述べましたが、オフィススペースを持っていないバーチャルオフィスは後者の事業者になります。

自宅で仕事が完結するが、自宅住所を表に出したくない人にお勧めです。

◎ポイント　**バーチャルオフィスは信頼できる場所を選ぶこと。**

第3章

独りよがりで失敗しない秘策・顧客満足の「サービスの創造」

1　何かの「切り口」でナンバーワンになること

お客さんは一番の店を探している

起業をしていく上で、何かの切り口で一番になることが重要なのです。例えば、会社の仲間と居酒屋に行くことを考えてください。どの居酒屋へ行くかを考えてください。

「一番近い居酒屋」「一番安い居酒屋」「一番食事の美味しい居酒屋」「一番酒の種類のある居酒屋」「一番店員の対応のよい居酒屋」と、選択肢はたくさんあると思います。しかし「二番目に近い居酒屋に行こう」とか、「二番目に美味しい居酒屋に行こう」という人は少ないと思います。

色々な切り口はあるにしても、必ず「一番○○な店」を選ぶと思います。つまり、人は、何かを選ぶ際に、何かの切り口での一番を選んでいるのです。

ですから、自分が起業する際にも、必ず何かの切り口で一番になるものをつくらないといけません。顧客で絞ったり、商品で絞ったり、地域で絞ったりと何でもいいのです。そして、その一番になるものを前面に出して売っていくのです。それが、他社との差別化になるのです。

自分で基準をつくってしまう

何かの切り口で一番とは言っても、「どうしても何かの切り口での一番が見つからない」というときにはどうすればいいのでしょうか。まず簡単な方法としては、新しい自分の基準をつくってしまうのです。

私がレンタルオフィスを経営していたときに知り合った株式会社マロエレレイの高橋志保さんは、過去に水商売の経験があり、当初はその経験も表に出してはいなかったのですが、セクシャリティの相談を受けることが多く、表立って言えない相談なため一人で悩んでいる人が多いと気がついたのです。

封印しがちだった過去の経験が、逆に自分にしかできないビジネスだと思い、水商売時代に7500名と接してきた経験をもとに、セクシャリティナンバーワンとして性の悩みと不安を癒すカウンセリングを始めました。

何でもいいから1位を取る

例えば、ネットショッピングで鞄を販売したとします。その鞄のページに、「○○ショッピングサイト革部門6月度販売数1位」との表記があったらどうでしょうか。

販売数1位の文字が入っているだけで、「この鞄が売れている→良い商品」と思ってしまい、購買意欲を刺激するのです。実際にこの商品が売れて販売数1位になるのでしたら、それはそれでいいです。

しかしメジャーな場所で1位を取るのは大変です。その場合には、マイナーな場所やハードルの低い場所で1位を取るのです。

例えば、マイナーな場所へ行き、そこで知り合いにばかり買ってもらい、そのマイナーな場所で1位を取ります。もしくは、ある一定期間だけ大幅に安売りして販売数で1位を取り、値段を元に戻します。というようにハードルを下げて「○○1位」を取るやり方はいくらでもあります。

要は、嘘はまずいですが、嘘でなければ「〇〇1位」としての肩書をつけて販売することができるのです。「〇〇1位」の肩書があれば、「大勢の人が支持している」と思わせることができ、購買意欲に火をつけることができます。

どうしても1位が取れない場合には

また、どうしても1位が取れない場合には、自分より上位をまとめた括りにしてしまうという方法があります。例えば、顧客獲得数が3番目だったとします。その場合、「顧客獲得数ビック3のうちの1社です」と言ってしまえばいいのです。4番目でしたら「ビッグ4」。5番目でしたら「ビッグ5」にしてしまえばいいのです。それだけで勝手に肩書ができてしまうのです。

◎ポイント　何かの切り口で一番になること。

2　イメージを販売する

顧客に対してイメージを販売する

何度も「起業とは自分にしかできない問題点の解決」と述べています。お客さんは、問題点を解決させるためにその商品を購入するなり、サービスを利用するのです。しかし、購入やサービスの利用開始のときには、まだ問題点は解決していないのです。

要は、この商品を購入する、もしくはサービスを利用すると問題点が解決するだろうという憶測のもとに商品の購入やサービスの利用というアクションを起こすのです。つまり、問題解決のイメージができたから、アクションを起こしたのです。

商品やサービスを販売する際に、「物やサービスを売ろう」と考えるとうまくいかないのです。売ろうと考えると、商品やサービスの特徴の紹介になってしまうからです。しかし、商品やサービスの特徴は、お客さんにとってはそれほど重要ではないのです。

重要なことは、問題点の解決なのであって、本当に問題点が解決するのかどうかの疑問があるからこそ、商品やサービスの詳細で本当に問題点が解決するのかどうかを判断するのです。このときに、商品なりサービスを利用することによって問題点が解決されるイメージが浮かぶのです。

そのイメージが浮かべば浮かぶほど、購買意識は高まるのです。ですから、商品やサービスを売ろうとするのではなく、問題点を解決した姿のイメージを販売するように心がければいいのです。

お客さんは勝手にイメージをしてしまうもの

イメージでの販売といえばこんなことがありました。

私が千葉の房総に行ったとき、漁港に海産物屋がありましたので中に入ってみました。

販売している海産物が水槽に入っており、いかにも「本日採れました」みたいな感じで販売しています。しかし、それぞれの商品をみると、水揚げ地として「宮崎」「仙台」と書かれています。よく考えてみれば、千葉の房総で採れない魚介類も販売しているので、房総以外の魚介類が含まれていても当たり前です。

輸送ルートを考えると、房総以外で採れた魚介類は、近所の魚屋に並んでいる魚介類と新鮮さは変わらないかもしれません。しかし、漁港の海産物屋というだけで、勝手に「採れたて」のイメージをしてしまったのです。このように、いかにお客さんにイメージさせるかというのも、購買意識を高めさせるためには重要なことなのです。

◎ポイント　お客さんが問題解決をイメージしやすいように考える。

3　お客さんを具体的にイメージする

5W1Hでイメージする
今度はお客さんにイメージをしてもらうのではなくて、お客さんをイメージするのです。
起業するときに、サービスを具体的にしていく際に、お客さんを具体的にイメージするとサービスを具体的に決めやすくなります。その方法として、お客さんの5W1Hを考えるとイメージがし

【図表 19】

お客さんを 5W1H でイメージする	
WHEN	いつ
WHERE	どこで
WHO	誰が
WHAT	何のサービスを
HOW	どのように
WHY	なぜ

やすくなります。

そのお客さんは、WHENいつ、WHEREどこで、WHO誰が、WHAT何のサービスを、HOWどのように、WHYなぜ利用するのか。

私がレンタルオフィスを経営していた際に、サービスを創るときにイメージした例です。

例えばAさんは、普段は会社勤めをしていてプライベートでは釣りの趣味を持っており、日本では中々手に入らないルアーを海外から直接まとめて輸入しており、自分で使わない分をインターネットで販売して小遣いを稼いでいる。

では、Aさんは、どのようなシチュエーションでレンタルオフィスを使うのでしょうか。「いつ、どこで、どのように、なぜ」を考えます。

「普段は会社勤めでオフィスを使わないからバーチャルオフィスになるだろう」とか「郵送物が届いていたら会社帰りに取りにくる可能性もあるので郵便物の引渡しは時間は21時まで行おう」など。このように具体的にお客さんの像を描いていくことによって、どのようなサービスが必要なのかを具体的に考えることができます。

最終的に採算が合わなければサービスにならないこともありますが、お客さんにとって、よりかゆいところに手が届くサービスとなれば利用も増えるものだと思います。それには、お客さんを具体的にイメージして、そのイメージしたお客さんがサービスを利用しやすい環境を描くのが一番です。

架空の人物をイメージしようとすると難しくなるので、知り合いなどをイメージしたほうがいいです。また、イメージする具体像は一人ではなく複数人のほうがいいです。


イメージすることによって絞り込みができる

顧客をイメージすることによって、お客さんを絞り込むこともできます。絞り込むことができればターゲットが決まります。

起業したての頃は、どんなお客さんでも取りたいと思い間口を広げがちですが、その発想は逆なのです。提供できるサービスや商品が多ければ間口を広げてもいいのですが、起業したばかりでサービスや商品の数が少ない間は、特徴をつけたほうがいいので、間口を狭めて特化させたほうがいいのです。

私がレンタルオフィスを経営していたときに知り合いになったアイコンタクトの横田瞳さんは、女性の共感を生み出す方法が知りたい男性経営者層を中心に「姫マーケティング」という女性集客に特化したマーケティング支援を行っています。

横田さんは、元々自分の持っているITスキルを活かして、ITがよくわからない女性の方をターゲットに、SEO対策、ブログ、FACEBOOKの活用方法をコンサルティングしていましたが、女性集客と男性集客では心のフックにとまる部分がまったく違うということに気がつき、「いかに女性の共感を生み出すか」に特化した「姫マーケティング」を開始しました。

◎ポイント　お客さんをイメージして得意分野で絞り込む。

4　男脳と女脳の違いを活かす

男性脳と女性脳は違う

先ほどの横田さんは女性集客のマーケティングサービスをうまく行っていますが、実は男性と女性では、脳のつくりが違っているため、「男性向けサービス」「女性向けサービス」はそれを考慮した上でサービスを考えないといけないのです。

私も、レンタルオフィスを経営していたときには、女性専用のシェアオフィスを経営していましたので、男性脳と女性脳の違いに気がつくまでは苦労しました。

男性脳は競争脳、女性脳は協調脳になっているのだそうです。

例えば、「おいしい店を見つけた」という話題になると、女性は「今度一緒に行こう」と言って一緒に行く話になるのですが、男性は「俺のほうがもっといい店を知っている」とすぐに競争をしたがるのです。

また、女性同士の会話はコロコロ話が変わっていくのですが、男性同士の会話は一つのネタを2時間、3時間と喋ったりします。女性は、協調脳ですので、コロコロ話題が変わってもそれに合わせていこうとしますが、男性は競争脳ですので、「俺はこれだけ知っているんだ」と、自分の持っている情報量で勝負をしたがるのです。ですから一つの話題で長々と話せるのです。

元々この違いは、女性は家で家庭を守る、男性は外で戦うという本能的なところから、協調脳と競争脳の違いからきているのだそうです。

男性脳と女性脳を考えてサービスを考える

男性は競争脳のため、自分の得意分野をさらに磨いていく傾向があります。自分の好きな分野で会話をした際に、「俺は○○を持っているんだ」「俺は○○を知っているんだ」と言いたいのです。

ですから、コレクターなどは圧倒的に男性が多いのです。つまり、専門店的な要素を男性は非常に喜びます。男性をターゲットにしたサービスをするのであれば、お客さんが専門性を高める要素をサービスに組み入れてあげるといいかもしれません。

反対に女性は協調脳ですので、協調できる空間を大切にします。

例えば、レストランや喫茶店などです。男性は「食べれればいい」かもしれませんが、女性にとっては話をして協調できる要素を求めます。ですから、共有できる空間が必要なのです。

女性をターゲットにサービスをするのなら、共有できる空間や時間を提供していく必要があるのです。

私が経営していた女性専用のシェアオフィスでも、シェアオフィスを利用している女性起業家同士が、情報を共有しながら一緒に仕事をしたりしている姿が多々みられました。

起業でも男性の脳と女性脳の違いがある

また、起業についても男性と女性では大きな違いがあることがわかりました。

私が、起業をしたい人を対象に行っている起業セミナーのアンケートを見てみると、男性は「起業をしたい」といって起業の勉強をしたり、口では起業したいと言っていますが、実のところ、何のビジネスで起業をしたいのかは考えていない場合が多かったりすることがわかりました。

女性に関しては、趣味の延長や、身近にいる困っている人を助けるために起業することが多いことに気がつきました。

男性にとって起業はステータスとしていることが多く、女性にとって起業は慈悲の表現としていることが多いのです。

第2章でも触れましたが、私がレンタルオフィスを経営していたとき、顧客の属性を調べたところ、一人で経営している起業家のうち、男性は4分の3が株式会社にしており、女性は半分くらいしか株式会社にはしていなく、残りは個人事業主でした。

これも、起業というステータスにこだわる男性脳と、事業内容にこだわる女性脳の違いかもしれません。

◎ポイント　**男性女性向けのサービスをするなら、考え方の違いを参考にする。**

5　いかにリスクが少ない商材を選ぶかが鍵

まずはリスクのない起業ネタを探すこと

起業をする際に、何で起業するかが非常に重要になってくるのですが、リスクのない商品を選べるかどうかも重要なことなのです。商品を大量に格安で購入して販売すると、定価で販売すれば利益は出ますが、在庫を抱えるというリスクが発生します。

起業時で、まだお客さんがそんなについていない段階では、なるべく在庫リスクは避けたいものです。在庫リスクを抱えなくて済む方法はいくらでもあるので、紹介していきます。

一番手っ取り早いのは代理店になること

自分の販売したい商品を製造して販売するとなると、非常にコストがかかるしリスクも大きいです。そこで、一番手っ取り早い方法としてお勧めするのが、自分の売りたい商品を扱っている代理店になることです。副業であったり起業初めの頃は、代理店からスタートして、ビジネスを広げていくという方法もお勧めです。

私がレンタルオフィスを経営していたときに知り合ったナチュラルヘルストレンズジャパン株式会社の浜川恵美さんは、化粧品や健康食品を扱っていますアメリカが本社のナチュラルヘルストレンズコーポレーションの日本の代理店として販売を行っています。

その実績をもとに、現在ではレア物化粧品の個人輸入の窓口になるビジネスも行っています。

よい代理店を探すこと

代理店になって販売することはお勧めしますが、気をつけなくてはならないのが、代理店にもいろいろあるということです。最初に何十万円も取る代理店は、リスクが高いです。リスクを減らすために代理店になりましょうといっているのに、リスクが高いことをやったら意味がありません。

そこで、よい代理店の探し方を紹介します。まず一つ目は、初期でお金がかからない代理店です。

代理店のお金のかかり方で３パターンあります。

一つ目は、登録する際に何十万円と支払うパターンです。

二つ目は、月額費用で代理店に支払うパターンです。

三つ目は、販売できた金額から数パーセント払うパターンです。

この三つの視点を代理店を募集している業者の視点で考えてみます。つまり代理店を募集して販売してもらう立場です。

販売店がたくさん売ってきてくれるのであれば、三つ目の「販売できた金額から数パーセント払うパターン」でよいのですが、あまり代理店が販売しないのであれば、二つ目の「月額費用で代理店に支払うパターン」にしたくなります。代理店になったはいいが、売れなくて代理店をやめてしまったり、廃業してしまうケースが多い場合には、一つ目の「登録する際に何十万円と支払うパターン」が一番いいように思います。

つまり、代理店に登録する際に、何十万円も支払う場合には、「商品が悪い」「代理店の制度が悪い」「販売ノウハウがない」「業界的に売れない」などの理由により、代理店をやめてしまったり、廃業してしまっている代理店が多いということがわかるのです。

逆に、「販売できた金額から数パーセント払うパターン」であれば、「商品がよい」「売りやすい代理店制度」「販売ノウハウが提供される」などの理由で、よい代理店制度の可能性があります。

自分が代理店からスタートする際に、良い代理店の探し方としては、お金がどのように発生するかが、見分けるよいポイントになります。

アフィリエイトとドロップシッピング

インターネットを利用して、リスクなく簡単に起業もしくは副業できる方法として、アフィリエイトやドロップシッピングがあります。アフィリエイトとは、自分のサイトにバナーなどを貼り、そこをクリックしてリンク先のサービスを契約などしたら、バックがいくらか貰えるという制度です。ドロップシッピングとは、アフィリエイトと同じような感じなのですが、自社サイトなどで様々な商品を扱うことができ、そのサイト経由で商品を買った人がいた場合には、業者がお金を回収、商品の発送をしてくれ、バックをいくらかくれるというシステムのことです。

アフィリエイトもドロップシッピングも、どれもリスクなく始めることのできるビジネスとして有名です。これも、登録時にたくさん登録料の取られる業者はやめたほうがいいです。

情報提供からの集客

アフィリエイトやドロップシッピングで成功している例は、情報提供ページをつくりそのページからアフィリエイトのリンクを張ったり、情報提供ページでドロップシッピングの紹介をしたりと、情報提供をして集客につなげているケースが多いのです。

例えば、クレジットカードについて調べたときに、クレジットカードの比較サイトが検索でひっかかり、よくそのサイトを見てみると、あるクレジット会社のバナーが貼ってあったりします。まさしくアフィリエイトです。

情報提供サイトは、その情報を探している人が来るので、その情報に関わる商品は売れる可能性がありますので、アフィリエイトやドロップシッピングにおいて情報の提供は必須になります。

◎ポイント

リスクのない商品を探すこと。

6 「今までにないサービス」は単にニーズがないだけのことも

誰もやったことのないサービスが絶対に売れるわけではない

私が主催した起業セミナーに参加したこれから起業を考えている人から、こんな話を聞くことがありました。「今考えているサービスは、まだ誰もやっていないサービスだから」とか「今まで誰もやっていないことだから革命を起こせる」などです。

しかし、ここで気をつけないといけないことがあります。

まず、このような考えを持って起業する人は大抵の場合、「今まで誰もやったことのないサービスだから絶対に売れる」という発想を持っているということです。「今まで誰もやったことのないサービスで、内容さえよければ爆発的に売れるのではないか」と思ってしまいがちです。しかし、「今まで誰もやったことのないサービスだから絶対に売れる」という発想はやめたほうがいいのです。

ニーズがない可能性がある

実は「誰もやったことのないサービス」は、ニーズがない可能性があるのです。つまり「今まで誰もやったことのないサービスはニーズがないので失敗する可能性がある」ということなのです。

何故かといえば、その新しいアイデアは、既に考えて実現した人がいるかもしれないのですが、ニーズがないためにヒットしなかったので消えてしまった可能性もあるのです。もしくは、そのアイデアを思いついたが、ニーズがないことに気がついて諦めた可能性もあるのです。

そのサービスは「誰もやったことのないサービス」ではなくて、「誰かやったけどニーズがないから失敗したけど、それを知らない」だけなのかもしれないからです。そこに気がつかないで、「今まで誰もやったことのないサービスだから絶対に売れる」といて新サービスを出したら失敗してしまいます。

誰もやったことのないサービスはイメージができない

先ほど、「お客さんが問題点を解決できている姿がイメージできるようにすること」と述べました。今までにない新しい発想の商品は、それを使っての問題解決している姿がイメージしにくいのです。

第1章でも述べましたが、世の中の新製品のほとんどは、今あるものを少し変えて新製品として出しているケースが多いのです。今ある商品を少し変えたことによる新製品は、自分がその商品を使って問題を解決している姿をイメージすることができるから売れているのです。

◎ポイント

今まで誰もやったことのないサービスだから絶対に売れると思わない。

7　どのサービスも成功を信じてつくられている

売れないと思って売る人はいない

映画などを見に行った際に、「全然面白くなかった」とか「あれじゃあ売れないよ」などのセリフを聞いたことがあります。しかしよく考えてみてください。売れないと思って映画をつくっている人なんていないのです。そして、これは映画だけの話ではないのです。

どんな商品、どんなサービスにおいても、売る側は売れると思って提供をしているのです。しかし、フタを開けてみると、実際には売れなかったことは多々あると思います。一消費者でしたら、「あれじゃ売れないよ」で、いいかもしれませんが、起業を目指しているのでしたら、その売れなかったものに隠されているものを読み取る努力はしたほうがいいです。

「この商品を売ろうとした人は、何をもって売れると思ったのか」

「この商品の開発者側の目玉は何であったのか」

こういった視点で、商品を観察してみるのです。

実際、その商品の本当のところはわからないのですが、一番大切なことは考えてみることです。

マーケティングの４Ｐを利用してみる

人の商品の売れない理由を考えるのはいいのですが、実際に自分の商品もしくはサービスが売れなかったらどうすればいいのでしょうか。二つ考えられるのですが、一つは商品もしくはサービスに全くニーズがない。もう一つは、ニーズがあるが知られていないということです。

先ほども述べましたが、その商品もしくはサービスを世に出すときには成功を信じて世に出します。そのため、売れていないということは、多くの人に認知されていない可能性があるのです。ですから、宣伝方法や営業方法を変えてみるのが一番いいのです。

マーケティングにおいて4Pというのがあります。プロダクト（PRODUCT　商品・サービス）、プライス（PRICE　価格）、プロモーション（PROMOTION　広告宣伝）、プレイス（PLACE　場所）。

自分の出した商品なりサービスが売れなかった場合には、この4Pのうちの一つを変えてみればいいのです。宣伝方法を変えてみるなり、場所を変えてみるなり、値段を変えてみるなりしてみるのです。しかし、二つ以上は変えないようにします。

◎ポイント
売れなかった場合にはマーケティングの４Ｐの一つを変えてみる。

8　人は欲しい物より感動にお金を使いたがる

欲しい物は予想範囲内

人は欲しいと思っている物よりも、感動をした物にお金を使う傾向があります。一つの商品を買う場合でも、「欲しい機能がついている商品」を買うのではなく、「凄い」と感動した商品を買っているケースが多いのです。

実は、「これが欲しい」と思う機能は、顧客の予想範囲内のことなのです。しかし、その予想範囲を越える機能がついていて、今まで自分が抱えている問題点を解決してくれるということがわかれば感動するのです。ですからその商品を買うのです。

これは、サービスでも同じです。感動するサービスだからこそ、「また来たい」と思わせることができ、リピーターになるのです。つまり、自分の予想範囲外の提案で、かつ今まで自分が抱えていた問題点を解決してくれるからこそ感動して、その感動が商品購入の引き金を引くのです。

実は商品を購入する、サービスを利用するというのは感動なのです。

「起業とは自分にしかできない問題点の解決」と述べてきましたが、結局は「今まで解決できなかった問題点を解決してくれる」からこそ感動するのです。

お金使いが荒い人は金を使う自分に感動している

感動するから商品を購入すると述べましたが、お金使いの荒い人はどうなのでしょうか。実は、お金使いの荒い人は、商品に感動しているわけではなくて、「これだけお金が使えるようになった自分」に感動をしているのです。

要は自己陶酔です。そのように自分に感動してお金を使っている人というのも多いのです。そういう人は当然ですが、問題点の解決で商品を購入したりサービスを利用しているわけではありません。だからといって、問題点を解決しなくてもそういったお客さんが来ると思ったら間違いです。

自分に感動して商品の購入やサービスを利用している人は、人気のあるものが好きなのです。つまり、人気のある商品やサービスであることが前提であり、人気が出るには、問題点を解決させて感動させるしかないのです。それには、お客さんが感動する提案を心がけていく必要があるのです。

◎ポイント　**お客さんが感動する提案を心がける。**

第4章

派手にやって失敗しない秘策・継続経営なら「地味な集客方法」

1　問題点解決を忘れて「顧客数×値段」をやっていないか

その値段の付加価値を考える

起業してみたものの、お客さんの獲得が中々できないということは多々あります。

例えば、毎月1万円で提供しているサービスに、10人のお客さんが契約をしているとします。1人1万円で10人ですから、毎月10万円の売上になります。しかし、月に10万円の売上では生活していくことができません。

そこで、1人2万円にしようと値上げをしてしまうのです。お客さんから見たときに、1万円値上がりしたわけですが、値上がりした分のサービスとしての付加価値がついていれば引き続き契約をします。しかし、値上がり分の付加価値をお客さんが見出すことができなければ、月2万円になったサービスは継続せずに解約をすることになるのです。この、付加価値をつけて値上げするというのは非常に難しいのです。

まず、月1万円でお客さんが契約をした際には、そのサービスに毎月1万円の価値があると判断したから契約をしたのです。しかし、月2万円に値上がりした際の差額1万円分の付加価値が、お客さんにとって必要のない付加価値でしたら、契約の継続はないのです。

起業した際にやってしまいがちなのが、生活費を確保したいがために、「顧客数×値段＝生活に必要な売上」になるように、サービスの値段設定をしてしまうことです。しかし、これをやってしまうと、サービスの費用とサービスに関わる付加価値のバランスがまったく合っていないときがあったりするのです。

そうなるとお客さんには見向きもされないサービスになってしまいますので、いくら頑張って営業してもお客さんの獲得はできません。言い方が悪いですが、サービスを利用するお客さんにとって、サービス提供者の方が生活できるかどうかはどうでもいいのです。

お客さんにとって一番重要なことは、自分の抱えている問題点の解決であって、問題点解決にあたって妥当な値段でであればそのサービスを利用するというだけなのです。

ですから、集客においても一番大切なことは、そもそもお客さんの問題解決ができているサービスになっているかということなのです。

問題解決の発想がなかった営業マン

私の知り合いで保険の営業マンがおり、私も含めて家族の保険をまとめてその営業マンにお願いしてAという保険を契約していました。保険にかかる月額費用を下げたいと思い、その営業マンにお願いしたところ、別のBという保険を勧められました。

しかし、Bの保険の契約の際に不具合があり、Bの保険をすぐに契約できなくなってしまったのです。このときのこの営業マンは新しい保険を提案するのが面倒になったのか、「このAの保険で行くことを勧めます」と言ってきたのです。

このときの私は、「保険にかかる月額費用を下げたい」が問題点の解決でしたのに、そこをすべて無視したのです。最終的には、Cという保険を契約したのですが、Aを解約してからCを契約するまでの間に、保険に入っていない空白期間をつくるという失態まで起こしてくれたのです。

現在、この保険の営業マンとは縁がありませんが、噂では保険の契約が獲得できなくて保険の営業マンを辞めてしまったという話を聞きました。

この営業マンは、「お客さんの問題点の解決」を無視して、「ノルマ＝顧客数×値段」の発想で自分本位の営業をしていたからうまくいかなかったのです。

このような話を傍から聞くと、「自分はそんなことしない」と思うのですが、起業して思うように集客ができなくて、資金がなくなってくると冷静な判断ができなくなり、「そんなことしないよ」というようなことをやってしまうのです。

「顧客数×値段」の盲点

よくないとわかっていても、何故「顧客数×値段」をやってしまうのかというと、「顧客数×値段」で考えると、管理が楽だからです。特に事業計画を立てるときに、顧客数のところに希望的観測の数字が入れば簡単に売上の数字ができてしまうからです。

しかし、楽だからとこの考え方でサービスの値段などを決めたりすると、足元をすくわれたりします。

◎ポイント　「顧客数×値段」の発想は避けること。

２　どこまで差別化ができているか

同業他社はその事業で先輩

自分がこれから起業することを考えると、同業他社はすでにその業種で売上を上げているわけですから先輩になります。サービスの提供が、長ければ長いほど経験があり信頼があります。

そんな先輩たちと並んで起業するわけですから、経験や信頼では自分より早く始めている先輩同業者にはかないません。同じ質、同じ内容で同業者と並んだら、お客さんから見た場合、必ず経験や信頼があるほうを選ぶと思います。そこで先輩同業者と対等に戦うには、先輩同業者より優れている何かがないといけません。そこで差別化を考えて行かないといけないのです。

どのように他社との差別化をつけるか

私がレンタルオフィスを経営しているときに知り合った株式会社ＢＥＳＴ　ＧＲＡＤＥ　代表取締役の吉村ひかるさんは、国際イメージコンサルタントとして、個人の魅力を最大限に引き出す色の使い方や服装の着こなしを指導されています。

同じようなイメージコンサルタントの数は増えてきているのですが、吉村さんの特徴としては、他のイメージコンサルタントではやっていないパフォーマンス学を取り入れたコンサルティングや、どんなタイプのお客様にもマッチングするブレーンを抱えることによって、満足度の高い反応をいただき、リピート率90%の支持をもらっているそうです。

また、私がレンタルオフィスを経営していたときに知り合った西風の小林幸生さんは、占い師として20年の近い実績があるのですが、占いに来た経営者の経営相談になった際に、経費削減や過去のマーケティングの実績をもとに相談に乗ってあげたところ、実績が出ており、現在は、占いがメインで気軽に経営の相談を受け付けています。

どのように差別化するか

今ご紹介させていただいた吉村さんと小林さんは、同業他社との差別化が非常にうまくいっている例です。

同業他社とどう差別化していいのかわからないというかもしれませんが、一番いい方法は、自分の持っている二つの才能を一緒にしてビジネスをするということです。特に他の人が持っていないような才能をかき合わせると、同業他社は真似をすることが難しくなります。

ビジネスで一番怖いのは、うまくいくと必ず真似をする人が出てくるということです。それを防ぐためにも、自分の持っている才能をうまくかき合わせるべきです。

値段を下げるなと言われたから下げない

起業相談などをしていると、こんな人をよく見かけます。起業本やセミナーなどで「値段を下げてはいけない」と言われているのをそのまま真に受けて、サービスもこれといった差別化ができていないのに、同業他社と同じ価格で勝負をして失敗している人です。

起業本やセミナーなどの「値段を下げてはいけない」とは、その分差別化をしろ、付加価値をつけろということなのです。差別化や付加価値がついていない状態で、起業したばかりでまだ実績がないのに同業他社と同じ価格で勝負をしても、負けるのは目に見えています。

実績がなく、差別化もできず、付加価値もなく、同業他社と同じ値段で「私は起業したばかりで初めてなんです」といっても、お客さんからすればそんなことは関係ありません。お客さんは自分の問題点を解決してくれるサービスを選んでいるだけなのです。

ただ、「この人は自分の問題点を解決してくれる」とお客さんに思わせる一つの要因として、実績が見られてしまうのはしょうがないことです。その実績の差を埋めることができるのが同業他社との差別化です。

起業本やセミナーなどの「値段を下げてはいけない」は、その差別化を考えなさいということなのであり、その差別化ができていないようでしたら、結局のところ値段を下げるしかないのです。

一度値段を下げると上げづらい

しかし、値段を下げてしまったら、当然ながら利益は出ません。一度低い値段でサービスを提供してしまうと、今度は値段を上げるのに苦労します。だからといって、そのまま値段を下げたままで利益が出なければ、折角起業しても事業を閉じざるを得ない状態になります。

そうならない方法として、一時的に値段を下げる方法がいいのです。

例えば、「オープン記念1か月は30％引き」とか「初回利用のみ３０００円引き」など、限定で値段を下げるのです。このやり方であれば、最初は値段が安い状態で利用していただき、他社との差別化を体感した後で通常価格に戻るわけですから、お客さんにとってもよい方法だと思います。

二重価格表示

しかし、ここで問題になるのが二重価格表示の件です。二重価格表示とは、「商品やサービスの価格や取引条件について、実際のものよりも著しく有利であると誤認される表示」を指し、「不当景品類及び不当表示防止法」（景品表示法）という法律の第４条第１項第２号で定められている法律のことです。

例えば、「通常価格2万円が割引率50％ＯＦＦで販売価格1万円」と表記して商品を販売している場合に、その商品を以前に2万円で販売した実績がなければ、根拠のない自社旧価格を比較対象とした「実際のものよりも著しく有利な取引条件であると誤認させる表示」となり、二重価格表示だとみなされてしまうのです。そして違反した場合には内閣総理大臣から措置命令が出され、その命令に違反した者は2年以下の懲役または３００万円以下の罰金に処されます。

しかし、「通常価格2万円が割引率50％ＯＦＦで販売価格1万円」などの表記はよく街でも見かけます。実は二重価格表示に関しましては、法律ではこのように定めてあります

①　過去8週間のうち、4週間以上の販売実績があれば、過去の販売価格として表示することができます。
②　販売開始から8週間未満のときは、販売期間の過半かつ2週間以上の販売実績があれば、過去の販売価格として表示することができます。
③　①や②を満たす場合であっても、実際に販売した最後の日から2週間以上経過している場合は、過去の販売価格として表示することは、原則としてできません。
④　販売期間が2週間未満のときは、過去の販売価格として表示することは、原則としてできません。

つまり「通常価格2万円ですが、キャンペーンで1万円」でサービス提供しても、8週間のうち4週間以上の「通常価格2万円」での販売実績があれば、問題はないのです。

要するに、1か月キャンペーン価格で販売したら、1か月は正規価格で販売すれば二重価格表示には引っかからないのです。

曜日を利用する

ここで、二重価格表示に引っかからない販売法でのうまいやり方としては、曜日を利用するという方法があります。

例えば、元々土日にお客さんが多いようでしたら、「開店キャンペーン　通常価格2万円が土日来場者は1万円」。また、平日にお客さんが多いようでしたら「月・水・金は○○デーで、通常価格2万円が割引率50％ＯＦＦ」などとします。

要は、週の半分以上通常価格で販売していれば問題はないのですから、通常価格が週の半分以上になるように、曜日をうまく利用すればいいのです。

割引券も大丈夫

割引券に関しては、割引券を持っている人でないと割引の対象にはなりません。また、初回の方はいくらという表記も、初回の方以外は対象になりません。ですから二重価格表示にはならないのです。

最初割引で対応して差別化をする場合には、このような方法を使うといいのです。

◎ポイント　同業他社との差別化をしっかりとすること。

3　今後必要なものはコンサルテクニック

コンサル力が重要になる

今はネットで何でも買え、リアルの店舗で商品を見てネットで購入するという人も増えている時代です。そんな時代ですから、普通に定価で物を売ろうとしても厳しい時代になってきました。

中々売れないため、同じ商品であれば価格競争が加速してしまっています。そんな中で、定価で商品を販売していくには、商品プラス情報で販売していく方法が一番いいです。

その商品を購入して、「どのように商品を使用していけばいいのか」とか「どう使用すれば、お客さんの抱えている問題点が解決するのか」です。つまり、その商品を利用してのコンサルです。

一番大切なことは問題点の解決ですので、この商品でどうやったら問題点を解決してあげることができるのかを、一緒に提案する力が必要になってきます。

こだわりの提案

私がレンタルオフィスを経営していたときに知り合った有限会社こだわりの里の金澤正さんは、扱っている商品はすべて健康にこだわっている商品で、販売するときもその商品に対してどのようにこだわり、どのように食べればどのような形で体にいいのかということをアドバイスしながら販売してくれるのです。

現在、食べ物や健康食品などはいくらでも手に入りますが、どの食品がどのように健康にいいのかまではわかりません。そこで金澤さんから商品を買う際にその商品にまつわる健康に関するアドバイスがいただけるので安心して買うことができるのです。

営業ではなくコンサルを

世の中は、情報化時代となり、インターネットを使えば、欲しい情報が簡単に手に入る時代になってきました。現在は、お客さんも情報を持っている時代なので、お客さんも一方的に与えられる情報では満足しません。

そのせいか最近では、「自分の売りたい商品の情報だけを喋って売る」といった昔ながらの営業方法では、中々お客さんが獲得ができなくなってきています。また、お客さんのほうが情報を持っている場合もありますので、売るほうはさらなる情報を持っている必要があります。

今の時代的には、お客さんに正しい情報を与えて、お客さんに判断してもらう時代になってきているのです。その正しい情報とは、お客さんの問題点を自社商品で解決してあげるための提案情報なるのです。その提案情報とは、いわばコンサルだと思います。

つまり、営業ではなくコンサルをしてあげるという発想が必要になるのです。

サービスと一緒に情報提供

また、コンサルではないのですが、サービスと一緒にお客さんの必要な情報を提供するパターンもあります。

私がレンタルオフィスを経営していたときに知り合ったマザーズキュアの加藤裕子さんは、鍼灸師ですが、自分の子育ての経験を活かして、若い主婦の方をターゲットに、子育ての相談に乗りながら鍼灸の施術を行う会を開いたところ、好評だったそうです。

サービスをしてあげながら話を聞いて、お客さんの必要な情報を提供してあげるという方法もあります。お客さんは、問題点が解決すればそれでいいのです。

「子育ての悩み」と「体の疲れを取る」という問題解決が、一人の鍼灸師にお願いすればできてしまうのです。子育ての悩みから来る体の疲れを持っている若い主婦にはいいサービスだと思います。

情報化社会になっていますので、個々がたくさんの情報を持っているのですが、必要な情報や必要じゃない情報、正しい情報や間違った情報が入り混じってもいるのです。それを仕分けて、必要な情報と正しい情報を、サービスと一緒に提供してあげる時代になっていると思います。

◎ポイント　商品やサービスと一緒に情報を売るという発想。

4　イベントを利用した集客テクニック

イベントが集客サービス

お正月が近づくとおせちの販売、２月が近づくとバレンタインのチョコの販売、７月は土用の丑で鰻の販売、12月はクリスマスケーキの販売、とそれぞれのイベントが近づいて来ると、イベントに関わる商品が、街のスーパーやコンビニエンスストアで販売されるようになります。同じ時期に同じような商品が街に並ぶのです。

第2章で集客サービスと収益サービスについて述べました。集客サービスとは、利益はそんなに出ないけれども集客効果のあるサービスです。収益サービスとは、集客サービスで集まってきたお客さんに対して、利益を出すためのサービスです。

ビジネスをやる上で、集客サービスと収益サービスの両方を取り揃えているのがいいのですが、お正月やクリスマスといったイベントに関しては、そのイベントそのものが集客サービスになり、おせちやクリスマスケーキといったイベント関連の商品が収益サービスになるのです。

つまり、利益率の低い集客サービスをつくらなくても、収益サービスが売れてしまうので、イベント時期には色々な場所で、こぞってイベント関連の商品を販売されているのです。

また、イベントのときは、お財布の紐が少し緩んでしまったりするものです。

普段では「ケーキに3000円も出すのはもったいない」と言って買わないのに、クリスマスになると普通に3000円のケーキを買ってしまったりします。特別なときには「まあ、今日くらいいいや」となってしまうのです。

話題になっていることでもよい

お正月やクリスマスといったイベントは集客要素があるので、これを利用しない手はありません。

例えば、クリスマスであれば「クリスマスキャンペーン」や「クリスマス活用セミナー」など、イベントの名前を入れたキャンペーンやサービスなどをお勧めします。

またイベントだけではなく、話題になっていることをテーマにあげるのもいいかもしれません。

スポーツイベントやニュースになった事柄などです。

要は、流行りの出来事に便乗したことをすると、元々世間の関心があることなので、注目されやすくなるのです。二番煎じ三番煎じでも、今話題になっている事柄に便乗するということは必要なのです。

今話題になっていることは、情報という意味ではニーズがあるのです。ですから、うまくそれを利用すると集客に役立つと思います。

◎ポイント　世間が関心のあることをサービスに取り入れる。

5　8対2の法則をうまく利用する

パレートの法則とは

パレートの法則とは、経済において、全体の数値の大部分は、全体を構成するうちの一部の要素が生み出しているという法則であって、8対2の法則ともいわれています。

では、このパレートの法則はビジネスではどのように使えばいいのでしょうか。この8対2の法則を商品や顧客に当てはめるとこうなります（図表20参照）。

【図表20】

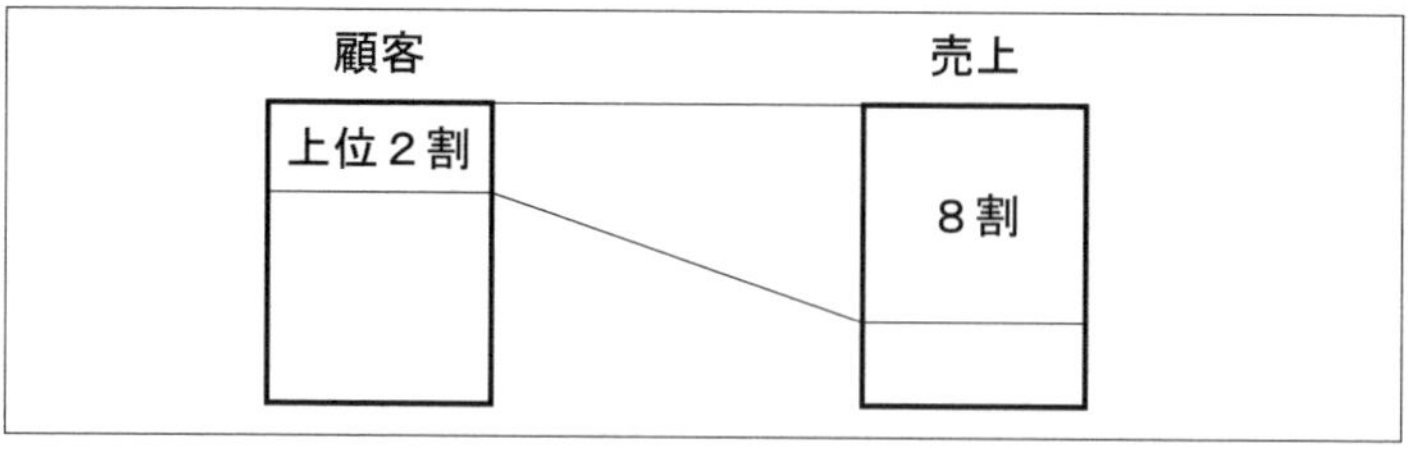

・全商品の上位2割の商品が売上の8割を占める。
・全顧客の上位2割の顧客が売上の8割を占める。

2割の顧客に力を注ぐ

例えば、顧客に関しては、上位2割の顧客に対しての対策を考えるのです。上位2割の顧客が売上の8割を上げているということですから、上位2割の顧客は以下の三つが考えられます。

「高い商品を購入している」「複数の商品を購入している」「リピーター顧客」ですから、この辺の購買意識を刺激してあげればいいのです。

例えば、ポイント制にして、「ポイント倍増の日」をつくってリピート心を刺激したり、複数購入へ導いたりします。また、「○○円以上購入したら○○」みたいなキャンペーンを行い、高い物の購入や複数購入を促進します。

2割の売上分しか上げない8割の顧客をターゲットにして、「8割の人が倍購入すれば、売上はもっと上がる」と思われがちですが、実は、上位2割で8割の売上を上げている人を喜ばせる施策を考えて、上位2割の人たちの数を増やしていくほうが効率がいいのです。

◎ポイント　**上位2割をターゲットにサービスを考える。**

6　チラシは読ませるのではなく見せる

チラシのタイトルづくり

チラシなどをつくる際に、商品名を大きく書きたくなるのですが、実は商品名はあまり大きくしなくてもいいのです。その商品の知名度がそれなりにあるのでしたら、商品名が一番大きくてもいいのですが、その商品を初めて見る人にとっては、商品名よりも、その商品を使うとどうなるのかが知りたいのです。

また、不特定多数の人に配るチラシでしたら、一番重要なことはターゲットとなる人達に見てもらうことです。私は何度も、「起業は自分にしかできない問題点の解決」といっています。

つまり、「自分の商品を使うことによって問題点の解決になる人」がターゲットになります。

例えば健康食品で、常にある腰の痛みを取る栄養補給の健康食品があったとします。そうしますと「時間がたっても腰の痛みが取れなくなった皆さんに朗報です」みたいにタイトルを目立つようにします。

そして次に重要なことは、「最終的にこの商品を利用するとどうなるのか」を記載すればいいのです。商品を購入する人にとって一番知りたいことは、ここの部分だからです。

ですから、「この商品を利用するとどうなるのか？」の部分を目立たせる必要があります。

ターゲットが固定されていれば「商品を利用するとどうなるのか？」

先ほど、不特定多数に配るチラシには、ターゲットを書いたほうがいい旨は述べました。

新聞への折り込みチラシやポスティングの場合には、不特定多数になりますので、ターゲットに向けた文言を入れたほうがいいですが、配布時点で既にターゲットが特定されているケースがあります。

例えば、健康に関する話をする講師の講演会の会場で、健康に興味がある人をターゲットにした健康食品のチラシを配るとします。

健康に関する話をする講師の講演会であれば、参加する人は健康に興味がある人達です。そこで配るチラシの中で、「健康に興味がある皆様」と書いても意味はありません。

ですから、配布時点で既にターゲットが特定されている場合には、ターゲットに向けた文言は入れずに、「この商品を利用するとどうなるのか？」を一番目立たせたほうがよいのです。

そして、「この商品を利用するとどうなるのか？」の根拠となる部分を、チラシの空きスペースに記載していくのです。

例えば、健康食品でしたら、「他には入っていない新しい成分の話」であったり、その健康食品を利用した人の顧客の声です。

チラシでは、顧客が一番知りたいことを目立たせる必要があります。新聞広告に入っているチラシや、雑誌などに出ている広告などを参考にするとよいです。

チラシは読ませるより見せる

チラシなどを作成すると、よくあるケースとしては「折角お金をかけてチラシをつくるのだから、できるだけ多くの情報を入れたい」と言って、文字数がやたらに多くなるものです。人は興味のない文字を読もうとは思いません。

人間の行動心理は、「読む→見る」ではなくて「見る→読む」なのです。例えば、新聞広告にチラシが入っているとします。チラシを全部端から読む人はいません。パラパラとめくった中で、興味のあるチラシに対してじっくりと見るのです。

雑誌広告でも同じです。数あるページの中からの、その広告で目をとめてもらいたいのです。チラシや広告をパッと見て、そのチラシや広告をじっくり見ようかどうかを判断しているのです。その判断の時間は、数秒。下手したら1秒を切るかもしれません。

ですから1秒で、チラシや広告を眺めている人に、「じっくり読んでみたい」と思わせないといけないのです。それには、写真やイラストなどをうまく利用します。その商品のターゲットになる人たちが興味を持ちそうな写真などでひきつけます。

そして、ターゲットに向けてのメッセージや、この商品を利用するとどうなるのかなど、興味を持ちそうなキャッチコピーなどを大きく記載するのです。

WEB広告は参考になる

一瞬で興味をそそらせるにはどのような写真にすればいいのかですが、参考になるのがインターネット広告です。インターネットの世界ではスピードが早いので、如何に興味を持たせてクリックさせるかに、インターネット広告を出している企業は力を入れています。

例えば、婚活ビジネスをやっている企業が、綺麗な女性の写真が載っていて、「そろそろ婚活しようかな」と文字が入っているバナーを出します。これを見た婚活に興味ある男性は、この婚活システムに入会すると、こんなにきれいな子と会えるのかも、とクリックをするのです。

また、ダイエット食品を販売している企業が、太った人の写真を出して「半年前は80キロだが、今では」と文字を入れることによって、ダイエットに興味のある人にクリックさせようとします。

このように、WEB広告では、写真や絵と短い言葉でクリックさせようとしているので、目を引きとめる画像や、文言を勉強するのに非常によい媒体です。

WEB広告を眺めていて、クリックしたいと思ったら、何故クリックしたくなったかを考えていけばいいのです。そうやって、WEB広告や、実際のチラシや雑誌広告を見て、一瞬で判断してもらうためにどのような写真を使っているのかなどを学んでいくと、顧客に見てもらえる広告やチラシをつくるにはどうしていけばいいのかがわかるようになります。

問題の解決度を数値で見せること

「起業とは自分にしかできない問題点の解決」と何度も述べています。

お客さんが商品の購入やサービスの利用を考える際に、問題点の解決がイメージできないと購買には結びつきにくいことは、3章で述べました。

そこで、商品の購入やサービスの利用を検討しているお客さんに、問題点の解決をイメージさせてあげる方法で、簡単な手法が「数字でみせてあげる」ということです。

このことで一番わかりやすいセリフが、「このサービスを利用すると、毎月支払っている費用が10％削減されます」です。

「今支払っている月の電気代が安くなります」よりも「今支払っている月の電気代が10％削減されます」のほうがお客さんはイメージしやすく購買に結び付く可能性は高くなります。もっと言えば、「今支払っている月の電気代が５０００円削減されます」のほうが購買意識は高まります。

このように、「お客さんの抱えている問題点の解決」の解決具合を数字で表していく手法も集客していく際には必要なのです。

◎ポイント　チラシは問題点の解決をいかに見せられるか。

7　どんな手を使っても同業他社を徹底調査

同業他社のユーザーになる

起業する際に一番重要なことは、同業他社を研究するということです。

価格からサービス内容まで、徹底的に調べたほうがいいです。インターネットで見るだけではなく、お客さんになるフリをして、資料請求をしてみたり、質問をしてみたほうがいいと思います。疑問に思ったことは何でも聞いてしまえばよいです。よく、自分が接客などをしていると、質問をするだけ質問をしておいて、結局商品を買わない人がいます。要はそれをやればいいのです。

このようにして、色々と同業他社を調べていくと、どこのサービスは良さそうかなどが見えてきます。良さそうだと思ったところのいくつかと、ユーザーとして契約をするのです。

資料請求や問合せではわからない部分や、顧客からみた従業員の対応など、サービスを利用してみないと見えない部分はたくさんあります。そういった部分を知るために、同業他社のユーザーになって調べてみるのです。

ホームページや資料からだと見えないことも見えてきますし、本当のサービスの質が見えてきます。

同業他社の広告を参考にする

また、起業して、自社サービスの広告を出すときにも、同業他社の動きは参考になります。

まず、広告代理店の人が「ここに出すといいですよ」とか進めてきたとしても、その話は真に受けないほうがいいです。仮に、広告代理店の言うとおりに広告を出したとして、全然集客がなかったとしても、広告代理店の人は責任を取ってくれません。

ですから、広告代理店の人の意見は参考程度に聞き、広告の出す出さないは自分の納得の行く場所に出すのが一番です。しかし、どこに広告を出せばよいかの判断ができないから、広告代理店の言うことを聞いてしまうのだと思います。

どこに広告を出せばいいのかを判断できるようになる方法が、自分が起業する業種の同業他社の広告を研究することです。

まず同業他社が、「どのような広告媒体に出しているのか」「どのようなキャッチコピーで広告を出しているのか」「どのような写真を使っているのか」を調べるのです。

同業他社も悩んでいる

既に起業している同業他社ということは、その企業も「どこに広告を出そうか」「どんなキャッチコピーにしようか」「どんなイメージにしようか」など悩んだはずです。そして、いろいろと試した上で、今の状態に落ち着いているのだと思います。

その同業他社が、継続できているということは、顧客が獲得できているということです。つまり、今広告を出している媒体、キャッチコピー、イメージで取れているということなのです。ですから、同業他社の広告は参考になるのです。

同業他社が広告を出している媒体がお勧め

よく、「この雑誌には同じ業社の広告が多い」など媒体によって広告を出している業者の偏りがあったりします。これは、その雑誌にその業種の広告を載せれば顧客獲得ができているからなのです。

しかし、起業したばかりのときによくありがちなミスとして、「同業他社が載っていない雑誌のほうが目立つから」と、同業他社が広告を出していない雑誌に広告を出してしまう人がいます。

同業他社が広告を出していないということは、その雑誌広告で顧客獲得ができないから広告を出していない可能性があるのです。

同業他社が沢山広告を出している雑誌こそ、そこから顧客が取れるという証拠ですので、そこに雑誌広告を出したほうがいいのです。また、同業他社の広告を見て、よく使われているキャッチコピーやイメージは、それで顧客が取れているということなのです。

ですから、広告を出す前に、同業他社の広告を研究することをお勧めします。

◎ポイント　同業他社の動きは参考になる。

8　感動を与えて紹介をしてもらうには

商品やサービスがいいと自然と紹介される

私の旧友でもあるＳＩＤＥ ＴＷＯ 代表取締役の平山洋さんは、六本木に同名のバーを経営しております。こちらのバーに行きますと、特に安売りをしているわけでないのですが、常にお客さんが入っている人気のバーなのです。

ＳＩＤＥ ＴＷＯは本格的なバーで、お客さんのニーズにほぼ答えられる平山さんのバーテン20年の実績と人柄によって、常連さんがつき、常連さんが人を連れてきて一緒に来た人が常連になるという感じで人気のバーになっていったのです。

お客さんに紹介してもらうとはこういうことなのです。商品やサービスがいいと、自然とクチコミなどで広がっていき、勝手に紹介されていくのです。

良い商品なら売れるという妄想は捨てること

商品やサービスがいいと自然と紹介されると述べましたが、商品やサービスさえよければ勝手にクチコミで広がっていくだろうとタカをくくるのもよくはありません。

以前、交流会でこんなことを言っている人に会いました。

「今市場に出ている商品よりも、うちの商品は良い。人は良い商品を選ぶ。だから必ず売れる」と、豪語していたのです。この人に会ったのは４～５年前の話なのですが、結局、この４～５年間、この商品は目に触れたことはありませんでした。要は売れていないのです。

何故、良い商品なのに売れていないのか。

起業した上で一番気をつけなくてはいけないのが、自分の商品やサービスに対しての過信です。新しい商品を出す人、新しいサービスをする人、皆が「自分の商品やサービスが一番」と思って提供しているのです。つまり市場に出回っている商品やサービスは、「自分の商品やサービスが一番」というものばかりということになるのです。そんな中で、自分の商品やサービスをうまく売っていかないといけません。

「自分の商品やサービスが一番」が溢れている中で、「自分にとっての一番」を提供するのですから、難しい挑戦なのです。そして、それを打ち破るのが地道な営業しかないのです。そして、「自分にとって一番」でも、お客さんにとって一番だと思われなければ、そのサービスはお客さんの目に留まらなくなってしまうのです。

つまり、「自分の商品やサービスが一番」と思っても、お客さんありきですので、お客さんが抱えている問題点を如何に解決してあげられるのかが重要なことになります。

紹介してもらいやすい切り口を探すこと

「クチコミ」だけに頼るような営業戦略はお勧めできませんが、「クチコミ」してもらえるように戦略を立てる必要はあります。実際に、自分の商品・サービスのユーザーは、一営業マンでもあるのです。ですから、ユーザーに紹介してもらいやすいように工夫する必要はあります。

私がレンタルオフィスの経営をしていた際に、毎月の新規契約のうち1~2割は紹介でした。何故そんなに紹介してもらえたかといえば、それなりの戦略は立てられたからです。

まず、サービスの概要が記載されている名刺サイズの案内を作成して配りました。名刺サイズですので、そんなに邪魔にはなりませんし配りやすくもあります。積極的に紹介してくれる人には束で渡したりもしました。また、サービスの利用者の方が紹介をしてくれれば、サービスを安くするという割引の制度もつくりました。

女性専用シェアオフィスという特徴のあるサービスだったことも、紹介しやすい要因だったと思います。一言でサービスの特徴を伝えられるということは重要です。

このようにして、紹介してくれる人が紹介をしやすい状況をつくるというのも重要なのです。

◎ポイント　紹介をする人のことを考えて、紹介してもらう施策を打つこと。

9　究極は、「あなたの魅力」をどれだけ伝えられるか

その人の魅力で判断する

商品を販売する、サービスを提供するという際に、一番重要なことはその人の魅力です。

先ほど紹介の話を述べましたが、自分の商品やサービスを人に紹介してもらえるかどうかは、突き詰めてしまえば、その人に魅力があるかどうかなのです。魅力のある人であれば、「いい人がいたら紹介してあげよう」と思うのです。これは営業マンにおいてもそうです。

飛び込み営業を断るのは何故かと言えば、こちらが求めてもないサービスの話ばかりするからです。要は魅力を感じられないから断るのです。

仮に、イチローが飛び込み営業マンとして飛び込んできたらどうしますか。商品は買わないにしても、話は聞いてみたいですよね。それは魅力があるからなのです。

イチローは話が飛び過ぎましたが、人として魅力があれば、話を聞いてみたいと思うものです。私も、「あの人が紹介してくれる商品だったら、中身はよく知らなくても買うことができる」という人は何名かいます。

自分が、そういうふうに言ってもらえる人物になることが重要なのです。

魅力ある人物とは

魅力のある人、魅力のない人の区別は皆さんどこでしているのでしょうか。

わかりやすい例で言えば、魅力のある人は他人の利益に一生懸命であり、魅力のない人は自分の利益に一生懸命なのです。自分が困ったときに助けてくれたりする人がいると、自分も「この人が困っていたら助けよう」と思うものです。

普段から困った人を助ける、つまり他人の利益になることをしていると、自分が起業したときなどに、お客さんになってもらったり、紹介してもらったりするのです。それが魅力なのです。

飛び込みの営業マンやテレアポ営業は、自分のサービスの話しかしない。つまり、自分の利益に一生懸命なため嫌われるのです。

魅力ある上司とは

第1章で「上司の嫌いなところベスト10」について触れました。では、逆に魅力ある上司とはどんな人なのでしょうか。

部下たちが居酒屋で上司の悪口をいうときには、統率力、指導力、交渉力、行動力等々、自分たちの上司にはこれらの力が足りないような言い分で悪口を言っています。しかし、このような力は本当に必要なのでしょうか。それはリーダーとしてあったにこしたことはないのですが、なくてもいいのです。

徳を磨く

三国志に出てくる諸葛孔明は、宰相になった際に、人民をいつくしみ規範を示し、困難なことがあれば率先して解決にあたり、功績があれば部下に譲り、心が傷ついている者がいれば心から慰め、知恵のあるものには礼を尽くして優遇することにより、人民の信頼を得たそうです。

まさしく、部下のために尽くす、「徳を磨く」行動ですが、このように部下のことを思って行動することによって、人は集まり、そのリーダーのために頑張ろうと思うのです。

先ほど、統率力、指導力、交渉力、行動力と述べましたが、リーダーにこれらの力がなくとも、信頼を集めているリーダーであれば、これらの力を持っている人が集まり、自分のためにこれらの力を発揮してくれるのです。

また、統率力、指導力、交渉力、行動力などは、経験によって身についてきますが、「部下のために尽くす」「人のために尽くす」という行動は、その人の性格的なものも関係します。

起業においても徳を磨く

ここで上司の話をしましたが、実は徳を磨いて魅力ある人間になるということは、起業においても同じことなのです。

先ほどの諸葛孔明の文面を借りれば、身の回りの人に対して「困難なことがあれば率先して解決にあたり、功績があれば部下に譲り、心が傷ついている者がいれば心から慰め、知恵のあるものには礼を尽くして優遇する」を尽くしていれば、皆その人に対して魅力を感じてくれるのです。

そうなれば、「あの人の販売する商品であれば買ってみよう」とか、「あの人なら紹介できる」となるのです。自分に魅力がなく、商品の魅力だけで商売していると、同業他社が同じ商品を販売すると負けてしますのです。

要は、「あの人の販売する商品であれば買ってみよう」と言わせるだけの魅力を持つということが大切なことなのです。

◎ポイント　いかに自分の魅力を磨けるか。

第5章

無駄なお金で失敗しない秘策・「無料ネット術」を活用！

1　インターネットは魔法の杖ではない

インターネットだけで売上は伸びない

私が起業セミナーを行った際に、参加者から「商品を販売する」と聞き、どのように販売するのかを聞くと必ずと言っていいほど、「インターネットで販売する予定です」との答えが返ってきます。

実は、ホームページを立ち上げたりインターネットで販売したら、「売上が倍増」と思っている人は多いのです。

多分、インターネットを利用して成功した話は巷に溢れているので、インターネットを使うだけで成功すると勘違いしてしまうのでしょうが、実際にはインターネットをうまく利用して成功した話の十倍以上に、インターネットを利用したけれども成功しなかった話は多いのです。

ただ、成功しなかった話は誰も取り上げないので、インターネットを利用したけども成功しない人の話を知らないだけなのです。

店舗で考えてみる

例えば、どこか広い土地を見つけて店舗を構えたとします。しかし、そこに人通りがなければ、その店舗には誰も来ません。

【図表21】

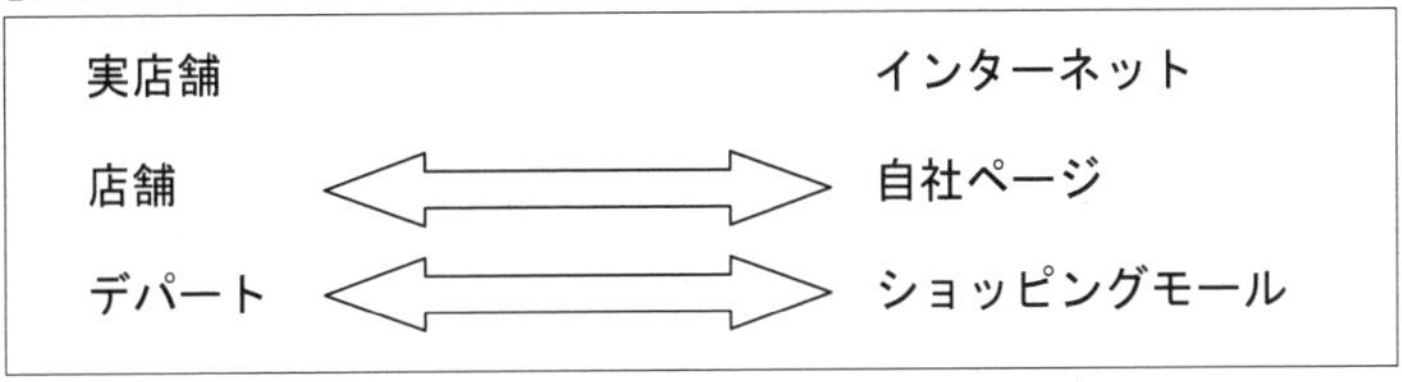

それと同じで、ホームページを作成しても、アクセスがなければ商品は売れないのです。そのアクセスを増やす作業を自分でしていかないといけないのです。

先ほど、店舗を構える話をしましたが、仮に人の出入りのあるデパートの中に店舗を構えたとします。デパート内に出店する賃料は高いかもしれませんが、元々人の出入りはあるので商品は売りやすいと思います。それがインターネットでは、大手ショッピングモールであったりします。元々アクセスのあるショッピングサイトに商品を出品すれば、集客する手間は省けるのです。

しかし、出品料でお金を取られます。よく、「出品料が高いから既存のショッピングサイトには出したくない」という人がいますが、既にアクセスのあるショッピングサイトに出品したくないのですから、自分でホームページをつくってアクセスを増やす努力を自分でしていかないといけません。

先ほどの店舗を構える話でも、人通りがないのであれば、人通りがあるところに行って広告を出すという方法があります。それはインターネットの世界でも同じで、ホームページをつくってインターネット上に広告を出していけば、アクセス数が増えていき、自分が作成したホームページでも商品は売れるようになるのです（図表21参照）。

結局は、インターネット広告にかかる費用と、その広告でどのくらい商品が売れるのかの費用対効果を考えていかないといけませんので、通常の広告を出す行為と同じことなのです。

インターネットを使えば時代にあったサービスと勘違いしない

また、インターネットを使えば「時代にあったサービス」と考えている人は多いのですが、必ずしもそうではありません。別にインターネットを使っていなくても、今の時代の人達にとって魅力のあるサービスであれば時代にあったサービスなのです。

第4章で紹介したBEST　GRADEの吉村ひかるさんは、イメージコンサルタントというお仕事です。お客さんのイメージをコンサルしていくという発想は、個々をブランディングしていく今の時代にあっているサービスだと思います。

また、こだわりの里の金澤正さんも、「健康は普段の食事から」と騒がれる昨今に、健康に配慮された商品のみを扱っているという意味では時代にあっているサービスです。

しかし吉村さんも金澤さんも、サービス案内でホームページは持っていますが、サービスの中にインターネットを取り入れているわけではありません。つまり、「今の時代にあったサービス」かどうかは、そのサービスの内容がどうかであって、インターネットを使っているかどうかではないのです。

インターネットはツールの一つ

起業して、サービスを宣伝していく中で、チラシ、広告、名刺と様々な宣伝ツールがありますが、その中の一つのツールとして、ホームページがあるのです。また、お客さんとのやり取りも、電話、ＦＡＸ、対面と様々な手段がありますが、その手段の一つとしてメールがあるだけなのです。

急ぎの内容であれば電話、じっくりと読んでもらいたい場合にはメール、手書きの情報を渡したい場合にはＦＡＸと、場面場面で効率よく使っていくということが一番重要なことであり、インターネットは効率よく使えるツールの一つであるという認識を持っていたほうがいいのです。

一番やってはいけないことは、インターネットを魔法の杖のように勘違いして、「インターネットを利用すればうまくいく」とタカをくくってしまうことなのです。

◎ポイント　インターネットはツールの一つであるという認識を持つ。

2　ネット販売に有利な商材を探すこと

インターネットでの販売に向き不向きの商品がある

私は先日、インターネットでちょっとマニアックな健康器具を買いました。何故インターネットで買ったのかといえば、その健康器具は、近くの店舗では売っていなかったからです。

近所のコンビニエンスストアで買える商品を、わざわざインターネットで買う人はいません。

つまりインターネットでは、近くの店舗で売っていない商品が買えるのです。裏を返せば「他に売っていない商品」がインターネットに向いている商品ということなのです。つまり、インターネットで販売する商品には、インターネットに向き不向きの商品があるということです。

インターネットでの販売はマニアックな商品がいい

では、何故マニアックな商品は近所のコンビニエンスストアやスーパーでは販売していないのでしょうか。

それは、マニアック過ぎて購入する人が少ないからです。コンビニエンスストアやスーパーでは、様々な人が購入に来ますので、不特定多数に売れる商品でないと扱わないのです。

例えば、１０００人いて５００人が購入したいと思う商品Ａがあったとします。その商品Ａを扱うスーパーに買い物に来れる範囲に住んでいる人口が1万人いたとします。そうなると、確率的にその商品Ａを買うのは５０００人になります。今度は、１０００人いて1人しか購入したがらない商品Ｂをスーパーで扱うとします。確率を計算しても、10人にしか売れません。だから扱わないのです。

しかし、この商品Ｂをインターネットで販売します。インターネットでは日本全国の人が買う可能性があります。先ほどのスーパーでは、利用する人口が１０００人でしたので、購入してくれる可能性のある母数は1万でしたが、インターネットになると、母数は日本のインターネット人口です。

ちなみに、平成23年末に総務省が出しているインターネット人口は約９０００万人ですから、単純に考えても、１０００人いて1人しか購入したがらない商品Ｂでも、約９０００人近くの人が購入してくれる可能性があるのです。ですから、インターネットで販売する場合には、１０００人いて1人しか購入したがらないような商品を扱っても大丈夫なのです。

しかし、「それならば、１０００人いて５００人が購入したいと思う商品をインターネットで売れば」と思うかもしれませんが、１０００人いて５００人が購入したいと思う商品は、近所のスーパーやコンビニエンスストアで販売しますので、ほとんどの人はそこで購入をすることになるのです。

ですから、インターネットではマニアックな商品を販売するのがいいのです。

◎ポイント

インターネット商品を販売するのであれば、「他に売っていない商品」を心がけて商品を探すこと。

3　ハードルが下がっている個人輸入ビジネス

個人輸入ビジネスはネットに適している

私がレンタルオフィスを経営していたときに、バーチャルオフィスの契約をしている起業家はどんな職種が多いのかを調べたことがあるのですが、全体の一割弱の起業家が輸入輸出関連のビジネスをしていたということに驚きました。

最近ではインターネットも普及して、少し英語がわかったり海外に知り合いがいれば、簡単に海外の商品が簡単に手に入るようになりましたので、海外から商品を輸入して販売する人が増えてきたのだと思います。

先ほども述べましたが、インターネットで販売するには、「他に売っていない商品」が適しています。そういう意味では、独自のルートで海外から商品を仕入れて販売していくことを考えると、個人輸入のビジネスは起業したい人には向いています。

しかし、個人輸入ビジネスをやっている起業家の方の話を聞いてみると、トラブルが多いのも実情だそうです。

実際に、個人輸入ビジネスをやっている方数名からのお話を聞いた際に、私が感じた「個人輸入ビジネスで注意しなければいけない点」です。

文化が違う人間が相手であるという認識

日本の商品というのはサポートがしっかりしており、私達日本人はそれが当たり前のように感じますが、海外の業者では日本の当たり前が通用しないそうです。

例えば、商品が届いても壊れていたり、違う商品が届いたりすることもあるそうです。何か届けばよいほうで、お金を振り込んでも商品を送って来ない業者もあるそうです。

ちなみに、私もオークションで商品を購入したら、出品していた人が中国人で、振り込んだけど商品を送って来なかったということがありました。このような不手際に対して文句を言っても、対応してくれませんでした。

一般に、そのことに文句を言っても対応しないなんてことは少なくないそうです。

このような話を聞くと、個人輸入ビジネスには手を出したくはなくなりますが、ビジネスとして考えますと、第3章でも述べましたが、人がやりたくない商売ほどチャンスであったりするので、本当に「人々の問題点を解決してくれる商品」であれば、大変でも手を出した方がビジネスチャンスはあったりするのです。

◎ポイント　個人輸入ビジネスは文化が違う人間が相手という認識を忘れないこと。

4 「ＩＴのことはよくわからない→丸投げ→無駄な出費」とならないために

善意の業者ばかりではない

私は以前、ＩＴ企業で役員をやっていたことがあり、プロフィールなどにそのことが載っているため、レンタルオフィスの経営をしていたときに、レンタルオフィスを利用しているお客さんから、よくＩＴ関連の質問を受けました。

そのときに多かったのが、「ホームページは必要だけどよくわからない」と言って業者に丸投げ

【図表22】

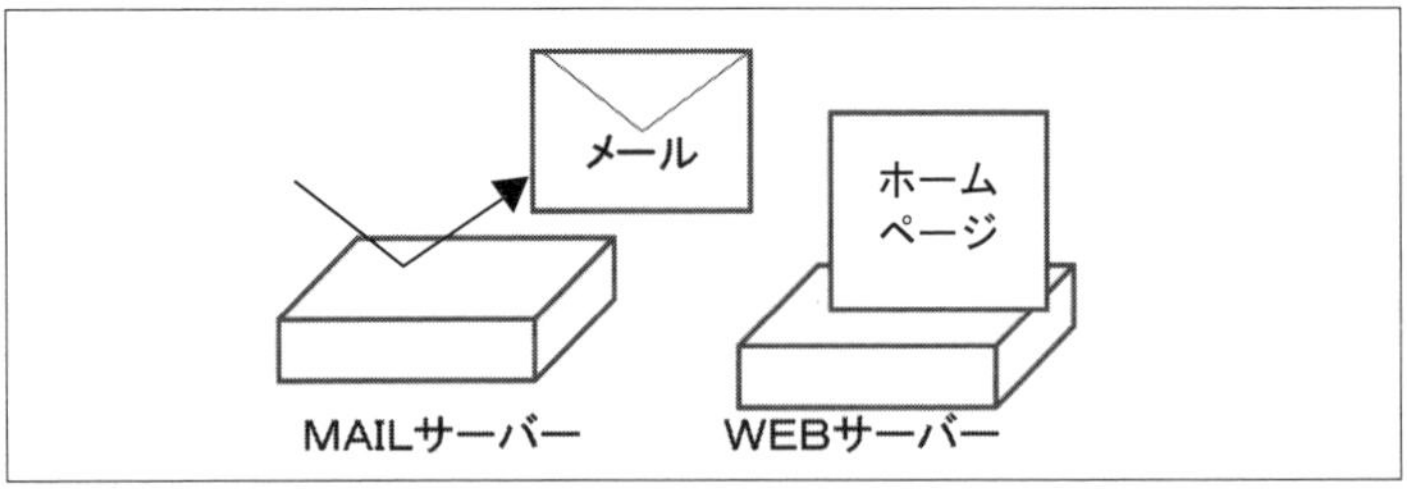

をしてしまっているケースです。

その業者が善意のある業者であればいいのですが、依頼者がよくわからないのをいいことに、高い金額をふっかけてきたりする業者もあるのです。そうならないためにも、ホームページに関しての基本は知っておいたほうが起業の際に役に立ちます。

ウェブサーバー・メールサーバを知る

まず、ホームページを作成しただけでは、誰もそのホームページにアクセスすることはできませんので、ホームページをサーバーにアップしなければいけません。サーバーとは、自身の持っている機能やデータを提供するソフトウェアのことをサーバーソフトウェアといい、サーバーソフトウェアを稼動させているコンピュータ機器そのものをサーバーといいます。

こう書かれていると難しそうな気がしますが、ホームページの運用を目的としたサーバーをウェブサーバーと呼び、メールの送受信を目的としたサーバーをメールサーバーと呼ぶということさえ覚えていれば役に立ちます（図表22参照）。

つまり、ホームページ制作会社にホームページ作成を依頼しても、こ

【図表 23】

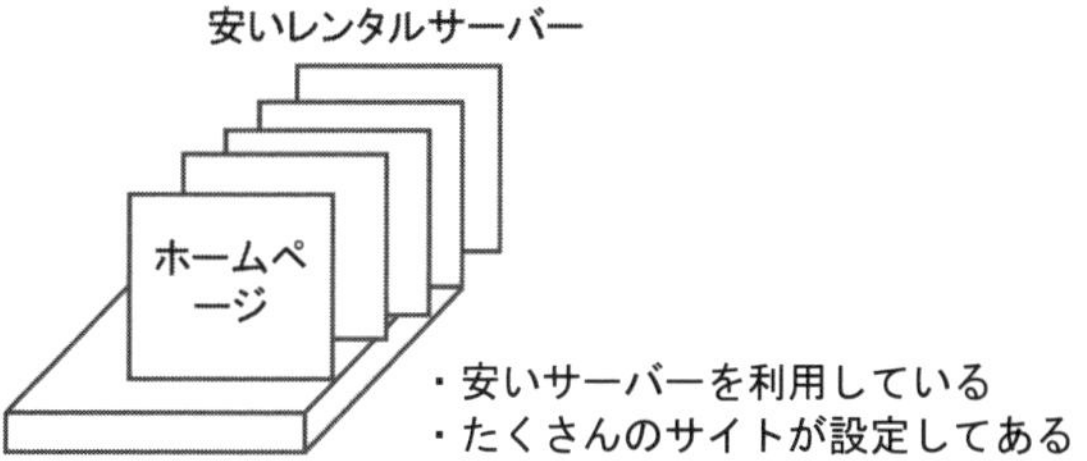
安いレンタルサーバー
ホームページ
・安いサーバーを利用している
・たくさんのサイトが設定してある

のウェブサーバーも一緒に契約をしないと意味がないのです。

ですから、ホームページ制作会社は、必ずサーバーの提案もしてくるのです。大抵は、レンタルサーバーになると思います。レンタルサーバーは、値段が安いサービスもあれば値段の高いサービスもあります。これは、安かろう悪かろうで、値段が安ければ、それなりのリスクがあるということです。

安かろう悪かろうのレンタルサーバー

例えば、小さいレンタルサーバーの会社に多いのが、安いサーバーを使用して値段を安くしているケースです。安いサーバーだと耐久性がないので、壊れやすくもありますが、当然サーバーが故障すれば、設定してあるホームページはすべて見れなくなります（図表23参照）。

復旧はしてくれますが、故障している間はホームページは見れませんし、「復旧した場合にはサーバを貸した出したときと同じ状態にします」と言われたら、要はホームページのデータが消えているということです。

また、１台のサーバーに複数の顧客を設定してあるのが、共用サーバーというのですが、共用サーバーのリスクは、そのサーバに設定してある一つのサイトに膨大なアクセスが集中したりすると、同じサーバー内の他のサイトにも「アクセスが遅い」などの弊害が起きたりするのです（図表23参照）。

レンタルサーバーのサービスを安く提供している会社では、一つのサーバーに物凄い数のサイトを設定することによって値段を下げている業者もあります。一つのサーバーに設定してあるサイトの数が多ければ多いほど、同じサーバー内の他のサイトからの影響を受ける可能性は高くなります。

レンタルサーバーは調べること

つまり、レンタルサーバーにおいて安いサービスとはそれなりにリスクがあることを想定して利用したほうがいいのです。

そこで話を戻しますが、ホームページ制作会社からレンタルサーバーを紹介された際に気をつけないといけないことがあります。ホームページ制作会社からの見積りでは、レンタルサーバー代は高く請求されているが、実際には安いレンタルサーバーを使っていたというケースです。

業者にレンタルサーバー代を請求されたら、どこのレンタルサーバーを利用しているのかは調べてみたほうがいいかもしれません。

インターネット上の住所にあたるドメイン

また、ホームページ制作を依頼した際に、もう一つ提案されるものがドメインです。

ドメインとは、ネットワークに接続しているコンピュータの場所を示すインターネット上の「住

【図表24】

GTLD ドメイン	
.com	営利組織向け
.net	ネットワーク関連向け
.org	非営利組織向け
.info	情報サービス向け
.biz	ビジネス用途向け
.name	個人向け
JP ドメイン	
.jp	日本国内に在住していれば、個人も登録可能
.co.jp	企業向け
.ne.jp	ネットワークサービス向け
.ac.jp	教育機関向け（大学）
.go.jp	政府機関・特殊法人向け
.or.jp	非営利団体向け

所」になります。

実際インターネット上では、メールをやるにもホームページでも、サーバーを利用します。そのサーバーには、１９２．１６８．０．１といったＩＰアドレスという４つの数字が割り振られています。

しかし、１９２．１６８．０．１といった数字では覚えずらいため、ドメインというものが登場します。

世界中にＤＮＳサーバーといって、「このドメインはこのＩＰアドレスですよ」と教えてくれるものがあります。このＤＮＳがあるおかげで、ドメインは好きな名前をつけることができるのです。

普通は、会社名jpとか、商品名comなどとします。ここで、最後のjpとかcomについての説明をします。

基本的に、ここはトップレベルドメインと呼び、国によって変わってきます。日本でしたらjp、アメリカの場合にはus、中国の場合はcn。しかし、どの国でも取得できるドメインとして、グローバルなトップレベルドメインをつくりました。それがcomやnetです。

Generic Top Level Domainを略してGTLDと呼びます。このGTLDは、用途によって分けられています（図表24参照）。日本では、.comは「ドット混む」とかけて、「商品名com」や「店名com」は人気があります。

フリーメールは避けること

また、起業した人にメールアドレスを送るときに最近よくみかけるのが、フリーメールを使っているケースです。友達同士のやり取りでしたらそれでもいいのですが、ビジネスの場で考えると、無料メールでは信頼をなくしてしまいます。

フリーメールですと、簡単に解約・登録ができますので、都合が悪くなったら逃げたりすることもできてしまいます。

しかし、独自ドメインに関しては、ドメインのWHOIS情報で誰所有のドメインかを調べることもできますので、独自ドメインを取得して、独自ドメインのメールを使用したほうが信頼してもらいやすくなりますので、起業をするのであれば、ドメインを取得して、独自ドメインのホームページやメールアドレスを持つことをお勧めします。

◎ポイント

ホームページ制作業者に依頼する前に、ウェブサーバー、メールサーバー、ドメインぐらいは覚えておくと足元はみられない。

5　ホームページ作成の節約術

業績がよくなるホームページを作成してくれる制作会社

　私の知り合いで、ホームページ制作をやっているデザインシンフォニー代表の相田修一さんという方がいるのですが、この相田さんは、クライアントさんからホームページの依頼があれば、クライアントさんの強みを活かし、その強みをエンドユーザー目線でメリットが感じられるように表現することによって、ホームページからの集客を増やすためのホームページ制作をしてくれます。

　そのため、相田さんにホームページ制作をお願いすると、問合せが増えたり受注が増えるといった実績をいくつも持っているのです。お金をかけてホームページ制作をお願いするのですから、このような効果が欲しいものです。

　しかし、私も数多くのホームページ制作会社を知っていますが、すべてがすべて相田さんのようなウェブ制作会社ではないということは知っておいたほうがいいかもしれません。そうなると、どういうページであれば効果が出るかどうかは、自分でホームページを作成して公開して学んでいくしかないのです。

　しかし、本格的にホームページを作成しようとするとお金がかかりますが、起業したてのときや、まだ事業が手探りの場合には、いきなりホームページでお金をかけてしまうのはリスクがあります。

アクセスログで反応を見る

そこでお勧めしているのが、世の中には簡単にホームページを作成するサービスがたくさんありますので、そういったものを利用することです。

広告が入ってもよければ無料で使えたりもします。また、アクセスログを見ればお客さんの反応はわかります。この辺のツールは「簡単　ホームページ作成」や「アクセス解析ツール　無料」などと検索していただければ出てきます。

これらを利用して実際にアクセスログを見てみますと、「どのキーワードで検索してそのホームページに来ているのか」とか「どのページのリンクから来ているのか」などがわかります。また、「どのページが一番見られているのか」がわかりますので、ホームページに来た人が何に興味があるのかがわかりますし、「離脱ページ」もわかりますので、どのページを見た人がこのホームページから去ってしまっているのかもわかります。

このように、アクセスログから学べるものはたくさんあるのです。ですから、無料のサービスなどを利用して、実験的にホームページを作成してみて、アクセスログから情報を得て、そのような情報を持ったうえでホームページ制作会社にホームページを依頼すれば、言われるがままになることはなくなると思います。

◎ポイント　**リスクなくホームページを公開して情報を収集すること。**

6　簡単なＳＥＯ対策は覚えておいたほうが便利

ＳＥＯ対策は難しくはない

ホームページ制作などを業者にお願いすると、ＳＥＯ対策というキーワードがよく出てきます。

第2章でも触れましたが、ＳＥＯとは、Ｓｅａｒｃｈ Ｅｎｇｉｎｅ Ｏｐｔｉｍｉｚａｔｉｏｎの略で、検索サイトなどで検索した際に検索結果のページで1ページ目に出たり、上の方に表示されるための対策のことをＳＥＯ対策をいいます。

よく業者などから「ＳＥＯ対策もしたほうがいいですよ」などと言われるため、ＳＥＯに対する必要性を感じていくことになると思うのですが、「ＳＥＯ対策で何十万円」と言われると、大変な対策のように思ってしまいます。

しかし簡単にできるＳＥＯ対策はあり、その簡単にできるＳＥＯ対策を知っているだけでも、業者の言いなりになることはないです。

検索エンジンで検索されるということは、言い方を変えれば、その検索サイトに紹介されるということなのです。

わかりやすく、友達に本を紹介するという観点で、簡単なＳＥＯ対策について説明をしていきます（図表25参照）。

【図表25】

SEO対策チェックリスト ・ページ数を増やす ・被リンクを増やす ・サイトマップを充実させる ・キーワードを散りばめる ・登録サイトに登録する

情報量で判断している

友達に本を紹介する際に、まずは友達の欲しい情報がたくさん載っている本を紹介すると思います。「欲しい情報がたくさん載っている」ことを検索エンジンで判断しているのが情報量の多さ、つまりページ数の多さです。

ですから、ホームページを作成する場合には、ページ数が多いほうが検索に引っかかりやすくなります。だからといって無駄にページ数を増やしても意味はありません。そこで効果的なのがブログです。ブログは、書けば書くほどページ数が増えていきます。また、Q&Aなども充実させていけば、ページを増やしていくことは可能です。

ただ、自社ページのSEO対策でブログを書くのであれば、自分のホームページと同じドメイン内に、ブログを設置しないと意味はありません。

被リンクの多さ

友達に本を紹介する際に、たくさんの人がお勧めしている本であれば紹介しやすいです。

これを検索エンジンで判断しているのは、「被リンク」です。自分のホームページへのリンクがどれだけ張られているかということです。

ですから、知り合いなどにお願いして被リンクの数を増やすのが有効的です。もし可能でしたら、検索されたいキーワードでテキストリンクを張ってもらうほうが、よいといわれています。

サイトマップの充実

本を調べるときに、どんな内容の書籍なのかは目次で判断ができると思います。そこで、目次が充実している本のほうが友達に紹介しやすいです。これを検索エンジンで判断しているのはサイトマップです。サイトマップがあり、サイトマップから各ページにリンクが張られているかどうかは重要になります。また各ページに、トップページに戻るテキストリンクがあるかどうかも大切です。

このように、ページ内がリンクで張り巡らされており、行きたいページに行けるようになっている構造かどうかも重要なのです。

キーワードの数の多さ

友達が「スマートフォンについての本が欲しい」といったときに、スマートフォンについての情報がたくさんある本を紹介すると思います。これを検索エンジンで判断しているのは、「ＳＥＯの対象にしたいキーワード」がそのページの中にテキストでどのくらいの数があるかです。

検索エンジンは、テキストデータのみ検索しますので、画像データは対象になりません。ですから、自分で検索で上位にあげたいキーワードがありましたら、自社サイト内の文章にテキスト形式で、そのキーワードを散りばめておくとひっかかりやすくなります。

サイトの登録

検索で一番重要なことは、検索エンジンに存在を知ってもらうということです。それには、色々な箇所に登録をすることです。「検索　登録」などと検索すれば、いくつものサイトが出てきますので、片っ端から登録していくことをお勧めします。

自分が起業する業界の、業界の紹介ページなどがありましたら、そこにも登録はしていったほうがいいです。登録する際に、無料のサイトと有料のサイトがありますが、最初は無料のサイトを中心に登録することをお勧めします。有料のサイトは、広告と同じ扱いですので、費用対効果を考えた上で登録を検討してください。

◎ポイント　ＳＥＯ対策を業者にお願いするにしても、最低限のＳＥＯ対策情報は頭に入れておくこと。

7　検索で差をつける、ＳＥＯとリスティング

効率がよいリスティング広告

検索した際に、ホームページが上にくるように対策を打つ方法は、ＳＥＯ対策だけではありません。効率のよい有効な手段が「リスティング広告」です。

リスティング広告とは、検索サイトで検索した際に、一番上とか右側に出てくるスポンサー広告のことです。こちらは1クリックいくらという形で課金されます。このリスティング広告は、検索して上位に出てくるものですから、ＳＥＯ対策と併用して語られることも多いのです。

私がレンタルオフィスを経営したいた際に、リスティング広告を出すと、必ずといってもいいほど、第2章でも触れたようなＳＥＯ対策の営業をしている営業マンから連絡がきました。「リスティングはクリックの都度お金がかかるが、ＳＥＯ対策は最初だけ対策をしてしまえば、何クリックされてもお金はかからないからＳＥＯ対策をしましょう」と言ってくるのです。

しかしここでよく考えてください。一番大切なことは、ＳＥＯ対策をしても上に上がるかどうかはわからないのですが、リスティング広告なら検索されれば確実に1ページ目に出すことができるという点は知っておいたほうがいいです。

ＳＥＯ対策とリスティング広告の知識を身につけること

ちなみにＳＥＯ対策でも、順位保証型というサービスを行っているＳＥＯ対策事業者もあります。この順位保証型のＳＥＯ対策であれば、「ＳＥＯ対策をしたのに順位が上がらない」といったことはないのですが、「最初にＳＥＯ対策費を払っておしまい」ではなく、「順位を上げたいキーワードで1ページ目に入っている間は毎月いくら」という毎月費用が発生するケースが多いのです。

私がレンタルオフィスを経営していたとき、「順位保証型のＳＥＯ対策」と「リスティング」で常に1ページ目に出ていた場合には、お互いにどのくらいの費用がかかるのかを知りたくて、それぞれの業者に見積りを取ったことがあるのです。結果は、両方とも同じくらいの値段でした。

私が自分の経験からリスティング広告をお勧めする理由としては、SEO対策は対策を取ってから効果が出るまでの間に時間がかかりますが、リスティングは始めたい日からすぐに始めることができるということです。また、検索して上位に上げたいキーワードもすぐに変更することができるのも魅力です。

しかし、SEO対策の魅力は、一度SEO対策をとって上位に表示されるようになれば、それ以降お金はかからないということです。(順位保証型のSEO対策は除く)

SEO対策を取るかリスティング広告を取るかは、皆さんでそれぞれで判断していただくしかないのですが、一番重要なことは、このような知識を身につけた上で判断をしていけば、業者の言いなりになることはないのです。

リスティング広告で気をつけること

リスティング広告を出す際に気をつけないといけないのが、MFOです。MFOとは、Made For Overtureの略です。

まず、リスティング広告では、パートナーサイトというものがあり、パートナーサイトとして登録すると、自分のサイトにそれぞれ検索サイトの検索スペースをつけて、リスティング広告を出すことができるのです。ここで検索されてクリックされると、サイト運営者にもいくらかお金が入るというシステムなのです(図表26参照)。

【図表 26】

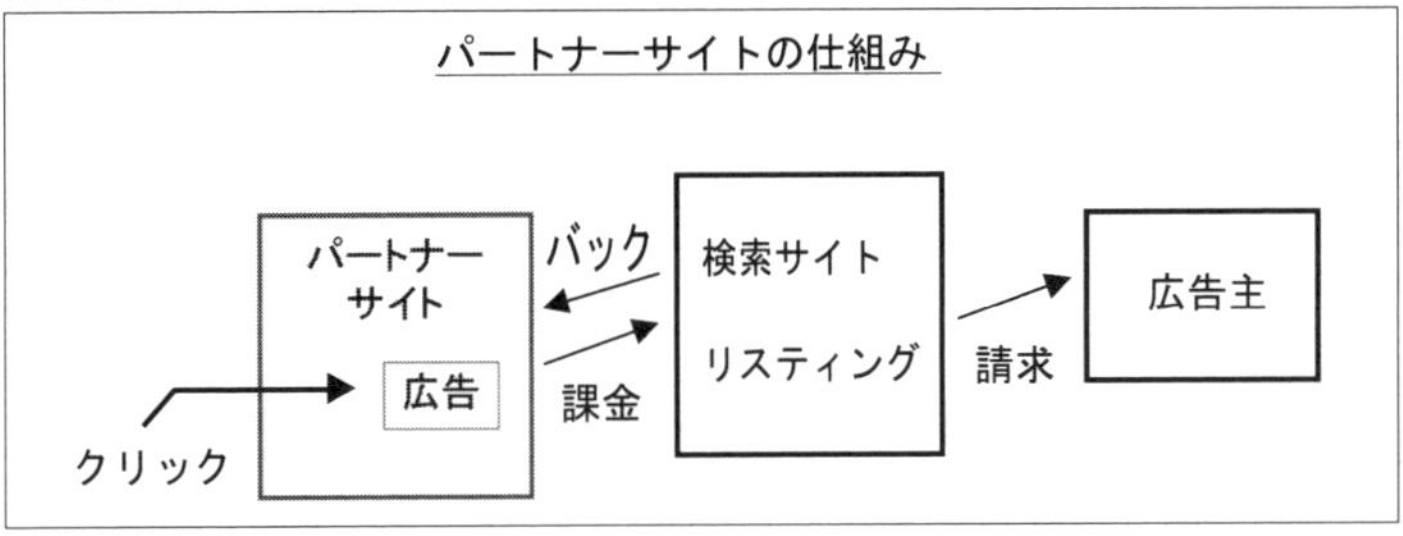

このシステムを悪用して儲けているサイトのことをＭＦＯと呼びます。

このＭＦＯ業者は、自分のサイト上の検索窓で検索して、表示されたものを片っ端からクリックしていくのです。リスティング広告では、クリックされると広告費がかかってしまいますので、このＭＦＯ業者のせいで無駄な出費になりかねないのです。

このようなＭＦＯ業者からのクリックを防ぐ方法は、自分のサイトへのログをチェックして、そのサイトへ行き、ＭＦＯっぽいサイトでしたら、そのサイトをブロックかけていくしかないのです。

リマーケティングとは

私がレンタルオフィスの経営をしていた頃、インターネットを利用している人から、「最近よく広告を出しているね」とか「あれだけ広告を出すとお金結構かかるよね」と言われました。

実は、リマーケティングという方法を使っており、過去に自社サイトに訪問したことのあるユーザーに対して広告を表示する機能のことです。一度サイトに来たユーザーに対して、決められた期間に集中的に広告を出すため、サイトに訪問して契約しなかった人が、別のサイトを見ている際にその広告を見ることによって思い出させるという効果があります。

これは1クリックに関していくらとなっています。クリック単価はそんなに高くありません。

◎ポイント　リスティング広告は効率がいい広告手段である。

8　ホームページ上で問題解決の理由を提案できているか

問題点の解決を提示してあげる

私はいつも「起業とは自分にしかできない問題点の解決」と述べています。それはホームページも同じで、ホームページの中に「どのような問題点を抱えている人」に対して、どう「問題点を解決してあげるのか」が記載されているホームページがいいのです。

私がレンタルオフィスを経営しているときに知り合いになったマイプランニングオフィスの安田まゆみさんのホームページをご紹介します（図表27参照）。

安田さんのお仕事はマネーセラピストといって、個人のお金に関する相談を受けたりセミナーを開催しているのです。安田さんのホームページを見てみると、お金に関する悩みを持っている人が悩みを整理できるようにフローチャートがあったり、お金に関する講義の動画が閲覧できるようになっていたりと、どのような問題を抱えている人が、安田さんのどのサービスを受ければ問題を解

【図表 27】

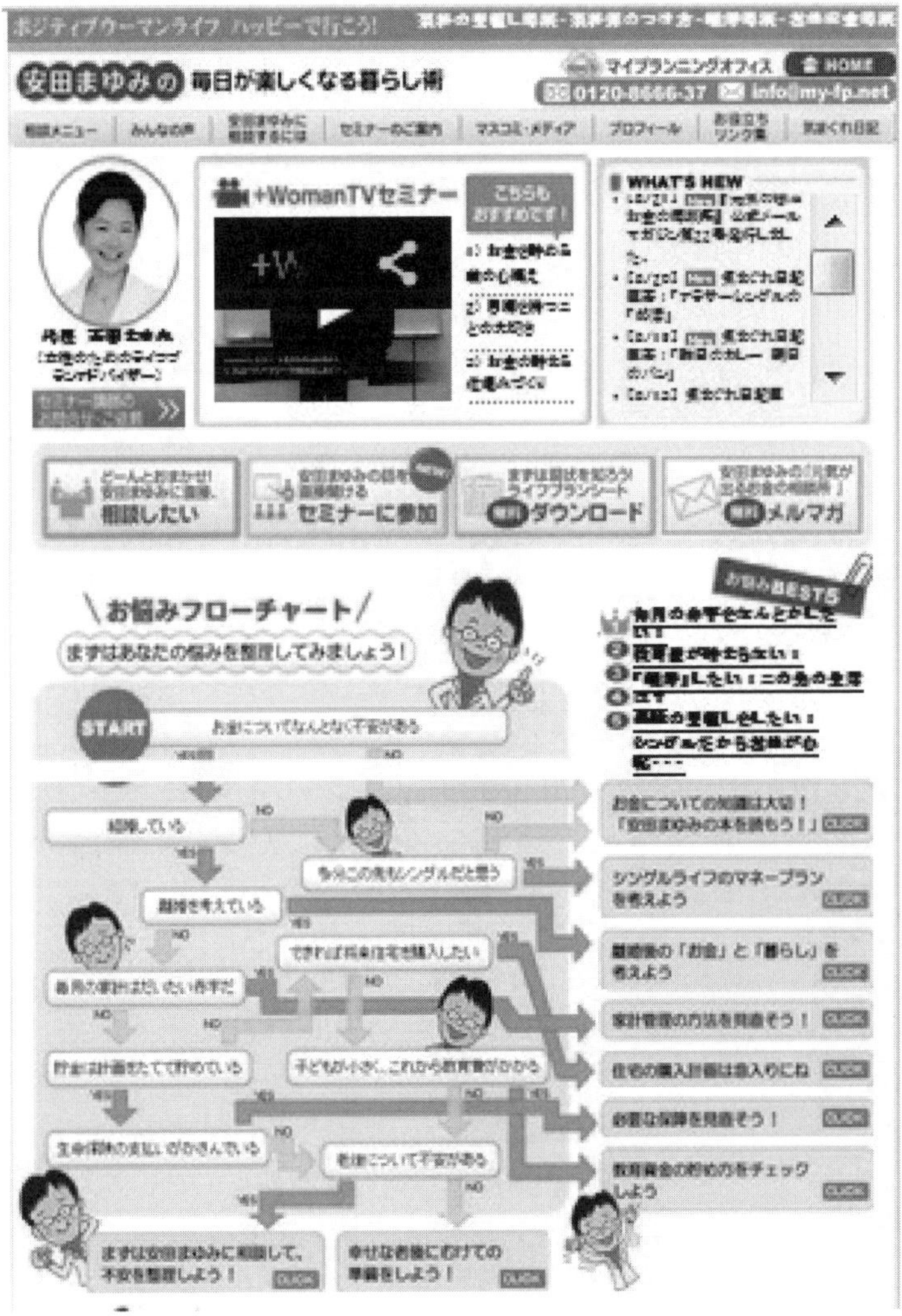
安田まゆみの 毎日が楽しくなる暮らし術
マイプランニングオフィス
HOME
info@my-fp.net
+WomanTVセミナー
WHAT'S NEW
相談したい
セミナーに参加
ダウンロード
メルマガ
お悩みフローチャート
まずはあなたの悩みを整理してみましょう！
START
お金についての知識は大切！
シングルライフのマネープラン
を考えよう
家計管理の方法を見直そう！
必要な保障を見直そう！
まずは安田まゆみに相談して、
不安を整理しよう！
幸せな老後に向けての
準備をしよう！

決できるのかがわかりやすいホームページになっているのです。

　商品の特徴ばかり書かれているホームページより、自分の抱えている問題点の解決が書かれているホームページのほうが、共感を抱くのと、そのホームページでの滞在時間が長くなります。

　ホームページでの滞在時間が長くなることによって、商品の購入、サービスの利用につながりやすくなるのです。

◎ポイント　ホームページではお客さんの問題解決を提案してあげる。

9　失敗しない起業家のＳＮＳの賢いワンポイント活用方法

ＳＮＳの活用は、お金をかけずに手間をかける

　ＳＮＳとはＳｏｃｉａｌ Ｎｅｔｗｏｒｋｉｎｇ Ｓｅｒｖｉｃｅの略で、社会的ネットワークをインターネット上で構築するサービスのことをいいます。代表的なものでいえば、Ｆａｃｅ Ｂｏｏｋ、Ｔｗｉｔｔｅｒ、ブログなどです。
　これらのサービスは無料で使え、時には強力な発信能力も備えていますので、使い方によっては顧客獲得のよいツールにもなるのですが、起業セミナーでは参加者からＳＮＳについて「何をどのように使ったらわからない」という声を多々聞きます。

私はレンタルオフィスを経営していた際に、実際にＦａｃｅ　Ｂｏｏｋ、Ｔｗｉｔｔｅｒ、ブログを使って集客ができていたので、そのときのノウハウを紹介します（図表28参照）。

Ｆａｃｅ　Ｂｏｏｋは自分を知ってもらうツール

営業マンから商品を買う際に、同じ商品を買うなら知らない営業マンより知っている営業マンから商品を買いたいと思います。それと同じで、自分というものを知ってもらうツールとしてＦａｃｅ　Ｂｏｏｋを利用しています。

ですから、Ｆａｃｅ　Ｂｏｏｋでは、書き込む情報はプライベート7割、仕事3割くらいを心がけていました。考え方や感性の近い人間を探すのに便利なツールだと思っています。営業的な内容ばかりアップしていると敬遠されてしまいます。

友達が１０００人以上いて、1日3～4記事の情報をアップしていた時期に、Ｆａｃｅ　Ｂｏｏｋ経由でのサービスの問い合わせがくるようになりました。


Ｔｗｉｔｔｅｒはタイムリーな情報提供ツール

Ｔｗｉｔｔｅｒ経由でサービスの問合せがくるようになったのは、フォロワーの数が1万人を超え、1日5～6記事の情報をアップしていた頃です。Ｔｗｉｔｔｅｒは、一度に投稿できる文字数が１４０文字と短いのですが、タイムリーな情報提供に適していました。

【図表28】

sns の利用のまとめ

	つながり	1日の更新	使い方
Face Book	1，000人	3～4回	自分を知ってもらう
Twitter	10，000人	5～6回	タイムリーな話題
ブログ	200人	2～3回	豆知識

オフィスから見える風景や、オフィスや会議室の状態、お客さんからいただいたお菓子などをアップしていました。

もし、居酒屋を経営している人ならば、客の入りが少ないときなどに、ツイッター限定のタイムサービスを開始して、「Twitter利用者で、本日来店者はビール一杯目無料」などの内容を送ってみたり、移動販売をしている人は、「これから渋谷に販売に行きます」などのネタをTwitterで流すみたいな使い方をしてみるといいかもしれません。

ブログでは豆知識の提供

私はブログでは、レンタルオフィスやバーチャルオフィスに関する豆知識や、起業に関する豆知識をブログで提供していました。ブログは、過去に書いた記事などへ簡単にいくことができますので、自分が起業する関連の豆知識ネタをアウトプットする場として利用するとよいのです。

私がブログで集客できていたときは、200人近い読者がいて、1日2～3回ブログを更新していると、アクセスが増え、1日1000アクセスを超えるぐらいになったときに、ブログを見た方からの問合せが来るようになりました。

金をかけたくなければ手間をかけること

今ご紹介したように、Ｆａｃｅ　Ｂｏｏｋ、Ｔｗｉｔｔｅｒ、ブログを使って集客をできた話をして、人に勧めると、「毎日の更新は厳しい」とか「1日に何回も更新するネタがない」という話を聞きます。

しかし、お金をかけずに無料のＳＮＳツールから集客したいのであれば、ネタがなかったらネタをつくって更新をしていくしかないのです。「ＳＮＳツールで更新していくのが手間で嫌だ」というのでしたら、先ほど紹介したリスティング広告など、広告にお金をかけていくしかないのです。

Ｆａｃｅ　Ｂｏｏｋで1日3～4記事、Ｔｗｉｔｔｅｒで1日5～6記事、ブログで1日2～3記事と述べました。この三つの作業を同じ時期にやっていたわけではありません。Ｆａｃｅ　Ｂｏｏｋに力を入れていた時期もあれば、Ｔｗｉｔｔｅｒに力を入れている時期もありました。当然ですが、記事を更新しなくなると、そのツールからの集客は止まります。

つまり、そのツールに手間をかけている期間は、そのツールからの集客はありますが、手間をかけなくなったらそのツールからの集客は止まるのです。

広告でお金をかけたくないのはわかります。しかし、お金をかけない分を無料ツールでまかないたいのでしたら、お金をかけない分手間をかけるしかないのです。

◎ポイント　**無料のＳＮＳツールから集客をするのであれば手間をかけること。**

10　活用できる動画ツール

動画を使用した情報発信

最近では、自宅のパソコンで簡単に動画をみたり、自分で撮影した動画を簡単に配信することができるようになりました。ホームページ上で文字や絵などを使って情報を提供するよりも、動画のほうが圧倒的に多い情報量を提供することができます。ですから、動画をうまく活用していくことができると自分のビジネスに大いに活用することができるのです。

私がレンタルオフィスを経営しているときに知り合った、メンタルコミュニケーショントレーナー・あがり症克服の専門家の金光サリィさんは、Ｕｓｔｒｅａｍ番組「金光サリィのハッピーエクスプレス」で情報を発信されています。波瀾万丈なゲストを招いて、どのような気持ちで困難を乗り越えたかを視聴者と一緒に紐解くといった番組です。

また、私が長くお付き合いさせていただいている有限会社ミズコシ代表取締役の水越浩幸さんは、ＵｓｔｒｅａｍとＹｏｕｔｕｂｅを 利用して、「ソーシャルメディアで夢を叶えよう！」をテーマに、ゲストと熱く語るＵｓｔｒｅａｍ番組「どんどん夢が叶う・メディカツ」を毎週配信して、ブランディングや集客に活用しています。

株式会社プラスウーマンの遠藤綾乃さんも、女性のための起業支援として、女性の経営者や、各界で活躍されている女性をゲストにお招きした番組「プラスウーマンＴＶ」をＵｓｔｒｅａｍとＹｏｕｔｕｂｅで配信しています。

動画は情報量の発信が可能

このように動画ツールを利用していくことによって、多くの情報が提供できるようになります。

現在は情報社会になり、たくさんの情報を持った中で判断をしていく世の中です。

情報がない商品やサービスは、情報がないために判断してもらえない状況も出てきます。そういう世の中になっていく中で、商品を販売したりサービスを提供していく側もそれなりの情報量を提供していく必要があります。

最近では、ホームページに動画を埋め込んだり、情報番組のような情報発信も、無料で簡単にできるようになってきました。

このような動画ツールをうまく活用して、動画情報を発信していくことが、新しい情報発信の切り口でもあります。

動画情報の発信は、これから伸びていくカテゴリーでもありますので、是非独自の活用をして集客に結びつけてください。

◎ポイント

動画ツールは積極的に利用すること。

参考文献

「一日も早く起業したい人が「やっておくべきこと・知っておくべきこと」」中野裕哲著　明日香出版社
「読むだけですぐに売れ出す40の言葉」竹内謙礼著　日本実業出版社
「ワルが教える独立・起業テクニック」山本鐘博著　ぱる出版
「誰でもすぐにできる売り上げが上がるキャッチコピーの作り方」堀内伸浩著　明日香出版社
「図解実践マーケティング戦略」佐藤義典著　日本能率協会マネジメントセンター
「現場で使える！心理学」伊藤一啓著　日本文芸社
「普通の主婦がネットで４９００万円稼ぐ方法」山口朋子著　フォレスト出版
「趣味力でがっちり儲ける個人輸入入門」堀英郎著　コスモトゥーワン
「なぜ儲かる会社には神棚があるのか」窪寺伸浩著　あさ出版
「戦わずして勝つ　諸葛孔明の兵法」高畠穣著　三笠書房

あとがき

今回は私の知り合いにお願いして、簡単な取材をさせていただいた上で、事例として紹介させていただきました。社名と実名が出ている部分がそうです。

取材をしているときに皆さんの事例を聞いて驚いたのが、「人のためになることを考えて動いていたら、起業にまで辿り着いた」という事例を持っている人が多かったということです。

「人のためになることを考えていたら起業にまで辿り着いた」という事例は、第1章で2名の方の事例を紹介させていただいておりますが、この2名以外にも、この事例に関してはたくさんいたのです。

私は本書の中で、何度も「起業とは自分にしかできない問題点の解決」と述べましたが、もっと深く掘り下げれば「ビジネスとは自分にしかできない人のためになること」だと思っています。

何故ビジネスという言葉を使ったかと言えば、「自分にしかできない人のためになること」は、起業だけではなく、サーラリーマンやＯＬにも当てはまるからです。

労働して給料をもらうということは「誰かのため」になっているからこそ給料がもらえるのです。しかし、誰にでもできる仕事の場合には、給料は高くはありません。自分にしかできない仕事だから、給料が上がるのです。ですから「ビジネスとは自分にしかできない人のためになることなのです。

起業している人でも、サラリーマンやＯＬでも、働く上で一番大切なことは、「人のためになること」です。

働くときに、「自分にしかできない人のためになること」を、如何に頭の中で意識しながら仕事をすることができるかどうかで、これからの人生が変わっていくものだと思います。

宮田　啓二

著者略歴

宮田 啓二（みやた　けいじ）

ひらめききかく　代表
1973年東京生まれ。1997年株式会社倉田プロモーションに入社。芸能マネージャーを経験する。2000年退社後、ＫＤＤＩウェブコミュニケーションズ（旧社名ＣＰＩ）に入社する。レンタルサーバーサービスの新規顧客対応を行う。2004年同社にて代理店制度構築の責任を任される。２年間で2000件の代理店を獲得し売上を１．５倍増にする。

2006年に実績を買われて同社取締役に就任する。2007年に同社はＫＤＤＩグループに入り社名もＫＤＤＩウェブコミュニケーションズに変更して、引き続き同社で取締役に就任する。

2009年に役員を退任して同社を退社する。

2010年にレンタルオフィス事業の株式会社ナレッジソサエティを設立して同社代表取締役になる。女性専用シェアオフィスや格安バーチャルオフィスなどを提供して約３年で1000件近い顧客実績を得る。2013年同社を株主に任せ代表取締役を退任。同年より起業支援のひらめききかくをスタートさせる。

http://www.e-miyata.jp

「起業」に成功する５つの秘策

2013年9月20日発行

著　者　宮田　啓二　

発行人　森　　忠順

発行所　株式会社 セルバ出版
〒113-0034
東京都文京区湯島１丁目12番６号 高関ビル５Ｂ
☎ 03（5812）1178　FAX 03（5812）1188
http://www.seluba.co.jp/

発　売　株式会社 創英社／三省堂書店
〒101-0051
東京都千代田区神田神保町１丁目１番地
☎ 03（3291）2295　FAX 03（3292）7687

印刷・製本　モリモト印刷株式会社

Printed in JAPAN
ISBN978-4-86367-130-0